反戦自衛官

——権力をゆるがす青年空曹の造反

目次

読者に

角南　俊輔（弁護士）

私が小西三曹の闘いを知ったのは、一九六九年の暮、六〇年代を象徴すると思われる東大闘争裁判において、裁判長の発言禁止・退廷・拘束命令等という厳しい訴訟指揮下に法廷に立っていた真最中であった。それだけに私には小西誠の闘いは一九七〇年代の闘いの開始を告げる象徴的事件のように思われた。

私の考えでは、六〇年代は学生を中心とする急進的インテリゲンツィアの思想闘争の時代だった。しかし七〇年代は、その学生にかわって、反戦青年委員会に結集する労働者を中心として、部落解放同盟の青年、沖縄の青年、在日朝鮮・中国の青年、自衛隊の青年といった六〇年代に自分の発言を準備していた青年たちの時代になるだろうとの予感だけは私にもあった。だから、小西誠の闘いを、確実に動いている歴史の歯車の一こまの音のように聞いた。

彼の第一回公判は、七〇年の七月二三日より新潟地方裁判所で開かれるが、この小西反軍裁判の第一審判決は、たぶん七二年の前後になるだろう。七二年は、沖縄返還・四次防が現実化され、「自主防衛」問題がイデオロギーとしてではなく、物質化される時である。その意味でも、小西反軍裁判は、わが国の七〇年代の運命とわかちがたく結びついて展開されてゆくことであろう。

そのような闘いとして小西事件はある。

一方ではいかなる問題も闇に葬りたいという要求、一方では白昼公然と海外派兵・核武装が語られるようにしたいという要求――この二つの矛盾のはざまに昨年までの自衛隊があった。しかし、小西誠の起訴に踏み切ったとき、権力は一つの大きな選択をした。それは最高裁判所による「自衛隊の認知」への選択である。この選択は、たとえわれわれが気にいろうが、気にいるまいが、そんなことに無関係に、今後のわれわれの運命を変えてゆくことであろう。

ある意味では、従来自衛隊違憲訴訟といわれてきた砂川・恵庭・長沼訴訟の延長線上に小西事件はある。しかし、ただ従来の違憲訴訟と小西事件が異なるのは、小西誠の言葉をもってすれば、こちら側から公然と自衛隊の「加害者」として登場したということである。そして、彼が「加害者になろう」と決意したことは、この国の状況に住むすべての人間に無関係ではない。なぜなら、すべてこの国に住む人間が、ヴェトナム戦争の、自衛隊の被害者にして加害者の悪しきメカニズムの奴隷であるからである。われわれは、何時の日にか被害者＝加害者のメカニズムを断ち切る闘いをはじめねばならないと語り続けてきた。そして、小西誠はみごとにその一例を示してくれた。全国の青年は、「第二、第三の小西を！」のスローガンを呼びかけあいながら、権力の選択に闘いをいどみはじめている。

今度は、われわれが選択するときである。


（小西誠反軍裁判主任弁護人）

1970 年代の空自佐渡レーダー基地。新潟地裁による現場検証（1972 年）

1990 年代の空自佐渡レーダー基地・ベースキャンプ。92 年に基地防空隊が設置されるが、2004 年に解隊された

I

反戦自衛官の誕生

1　小西三曹、きみを逮捕する！

メーターは正常に動いていた。ＰＰＩスコープは正確にターゲットをとらえている。タワーのパラボラ・アンテナも規則正しい回転をしている。アンテナは、暗い日本海を越えて音もなく接近する〝敵の飛翔体〟をきっかりと捕捉するにちがいない。

夜間勤務。佐渡のレーダー・オペレーションには数人の隊員しかいなかった。低いうなりを上げる機械類。厳重な扉をくぐって地下へ入る。たいして明るくない廊下。長い廊下を通って、小さな部屋に入る。

サブ・チーフの林士長は熱心に、予備受信機の定期整備を行っている。クルー員の浅利一士は配線図を広げて頭をかかえこんでいる。向井二士、双方の間を往復している。

一九六九年九月一〇日。机に向かう。これからしようとしていることに、大きな不安も深い自信もなかった。が、革命への情熱がそれを支えた。やらなければ、俺がやらなければ誰がやるのか、その「使命感」だけが行動をおこさせた。

原稿用紙。書く。書きはじめる。「アンチ安保」第一号。――昭和二五年、アメリカの極東政策の一環として発足した自衛隊は……、

夜だった。午前一時、ちょっと過ぎ。レーダー基地の夜間勤務。それを統かつするのが仕事。

ヒマ、だった。統かつ、という仕事は、何も事が起きないときは、どのような内容も意味しない。あるようで、ない仕事。仕事、というより、それは立場なのだ。

原稿を書きつづける。終わったのは、何時だったろう。思ったより、スラスラ書けた。しかし、それでも時間は、かなりたっている。原稿用紙四枚弱。

夜間勤務は、朝八時まで。八時半。バスに乗る。八キロほど離れたベースに帰る。専用バス。黒いバッグの中には原稿。四枚弱、だが、たいせつな原稿だ。

ベースに着く。食事。原稿は、ここしばらく私の心のうちに重たくたれこめていた暗い雲を、ちょっとだったが、晴らしてくれた。

きめる、今夜の夜間勤務のとき、と。原紙に書き、印刷しよう。それから、そいつをどうやって配ろうか？

朝一〇時。寝る。大きな部屋に、一五、六人が同居している。午後二時すぎまで、寝る。

今晩だ。印刷して、配る。うまいやり方で。だれか、読むだろう。読んで欲しい。ベースにいる三三〇名のうち、だれかは、ほんとうに読んでくれるだろう。たぶん。読んだもののなかには、書いた人間を探そうとするのもいるだろう。まず、書いた人間を、隊からつまみだそうとする連中が、いるだろう。それから。それから、「アンチ安保」に共鳴し、いっしょにやろう、というのもいる。いてほしい。いる、だろう。

寝た。かなりよく眠った。

ふたたび、レーダー基地の夜間勤務。夜。統かつの立場にあるのだから、ヒマだった。そして、何よりも、印刷機のあるタワー事務室のカギを持っている。いつものように、機械類の低いうなり。静かだった。低いうなりさえが、その静けさを強調しているかのようだ。

まず、原紙を切る。昨夜書いた四枚弱の原稿を、黒いバッグから取り出す。切り終わるまでに時間はかからなかった。「アンチ安保」というタイトルのまわりに、簡単なカザリもつけた。「アンチ安保」。現実的な、第一歩だった。そう思う。

手首が疲れた。あまり慣れていない仕事。統かつの立場にいるほうが、どんなに安全なことか。軽く手首を振りながら、一つの部屋に向かう。

タワー事務室。夜間はだれもいない。中へ入る。

五〇枚、刷った。「アンチ安保」「アンチ安保」「アンチ安保」……五〇枚の「アンチ安保」が、手のなかに残った。手を汚さないように、原紙をはずし、捨てた。捨てながら考える。第二号も、すぐに作らなければ……。

三日後。私はひとりの男を訪ねた。彼。日共党員、新聞販売店経営。四〇歳をすこし過ぎている。彼のことを知ったのはある空曹からだ。娯楽室での政治談義。安保条約の可否について。空曹は私を社会党米田東吾の演説会へさそったりもした。社会党支持。社会党こそ労働者の党だという。いまの政治がよくならないのは野党が少数だからと熱っぽくいう。

彼は町の新聞販売店のあるじが日共党員であることをなにげなく語った。私がどんな考えをもっているかも知らずに。

「アンチ安保」を隊内に配達している新聞に折り込むこと。彼は約束した。九月二四日。待つ、それまで。

その男は、金井町に住んでいた。ベースから七、八キロ。専用バスが通っている。日に五、六本。営外者(妻帯者)、外出者をベースまで運ぶ。その午前一一時のバスが、ベースに新聞を運んでくる。九月二四日。ベースでとっている新聞に、「アンチ安保」がはさみ込まれた。三〇部しか新聞はとっていないが、はさみ込まれた「アンチ安保」は、興味や面白半分にでも、手から手へ回されていくだろう。そして、ちょっとした騒ぎもおこるだろう。

だが。しかし、「アンチ安保」はだれの手にもとどかなかった。いや、たったひとりをのぞいて。そのひとりは占部一尉。総務人事班長。

このことを知ったのは二、三日後であった。運が悪かった。新聞は当直室へ届けられるのに、この日彼は、各班に配達される前に開いたのだった。そして、〝不穏文書〟を発見……。彼はただちに全新聞を調べて焼き捨ててしまった。

総務班に近い、ある友人がそれをなにげなく話したとき、私はいささかガックリした。

占部一尉は、ビラが隊内の、つまり私が作ったものであるということを知らなかったように、その話をした友人も、私が当の本人であるということは、知らなかった。

残り二〇枚を、どうつかうか。できるだけ有効に。思いつく。掲示板。こいつはだれでも見る。

たとえ気づかれて、はがされるとしても、はがされるまでに、だれかの眼にふれるだろう。それから、トイレ。これは、いい。座っていれば、かなりゆっくりと読まれるだろう。

二〇枚はすぐに終わった。セロテープと画鋲で。ベースの二カ所のトイレは、すぐに「アンチ安保」で埋まった。掲示板も。

反応は、あった。まず、もの珍しさが彼らに出所をあれこれセンサクさせていた。けれども、そのときはそれだけの反応だった。

次の日、九月二五日。またしても、「アンチ安保」第二号の原稿を書く。

――沖縄共和国万歳……戦後二四年間、サンフランシスコ体制のもとで植民地化された沖縄に、今解放運動が激発しつつある……――

かなり順調なペースで、原稿は書き上げられていった。印刷。同じく五〇枚。

もう一度、新聞の折り込みを試してみよう。ふたたび、訪ねる。ＯＫ。ひきうけよう。彼はいった。

もう一度、やってみましょう。この前は残念でした。

残念だ。灰にしたくない。そりゃ、そうだ。せっかくあんなにつくったんだから。で、いつにしましょうか？　五日、一〇月五日。いいでしょう。

五日、一〇月五日、昼。こわごわと新聞を開いた。「アンチ安保」第二号があった。成功した。

占部は気がつかなかった。文字が目にとびこんでくる。「アンチ安保」第二号「沖縄共和国万歳」

「腐敗軍人・労働貴族を告発せよ！」。彼、日共党員の彼は、ちょっとイヤな顔をしたかな。そんなこともないだろう。「安保をつぶせ！」

娯楽室での話題。よくあんなこと書いたなァ。だれだろう。きっと、外のヤツだよ。だいたい、隊内にゃ、あんなの書けるのいないよ。

トイレ。二カ所のトイレは「アンチ安保」で埋まった。掲示板も。かなり読まれただろう。総務の連中が気がつくときまでには。

うまくいった。だが、まだ始まったばかりだ。これからがたいへんなのだ。

隊員たちはおたがいにそれとなくさぐりあう。三百数十名のベースでは、顔はほとんと知っているし、名前だってかなりわかる。それに、だいたいどんな考えを持っているかも。それは都合のいいことだ。

だが、この都合のよさは、別の面ももちうる。だれが、この「アンチ安保」をはり出したのかを調べようとすれば、このことは都合のいいことだ。むこうだって、かなりまじめに調べはじめているだろう。第一号だけだったら、こんなこともタマにはあるだろう、でカタがつくかもしれない。しかし、第二号も、たてつづけに出たのだ。むこうだって真剣だ。そして、それ以上に、こっちも。

考える。考えつく。外だ。外にもビラをはり出そう。

一〇月九日。第一次羽田闘争二周年の翌日。金井町の電柱や壁に、一一日は基地内の隊舎や電柱にビラ。「佐藤訪米阻止！　安保粉砕！　沖縄解放！」、そして、「治安訓練拒否！」。

さかのぼって、九月。佐渡の基地で治安訓練が始まっていた。いや、治安訓練を指導するものを育成するための訓練。そしてまもなく、一般隊員の訓練。だが、通常の勤務時間の関係で、訓練に参加できないものもいる。私はそのひとりだった。

九日と一一日の深夜。二時。電柱と壁に、ビラをはる。はりつづける。

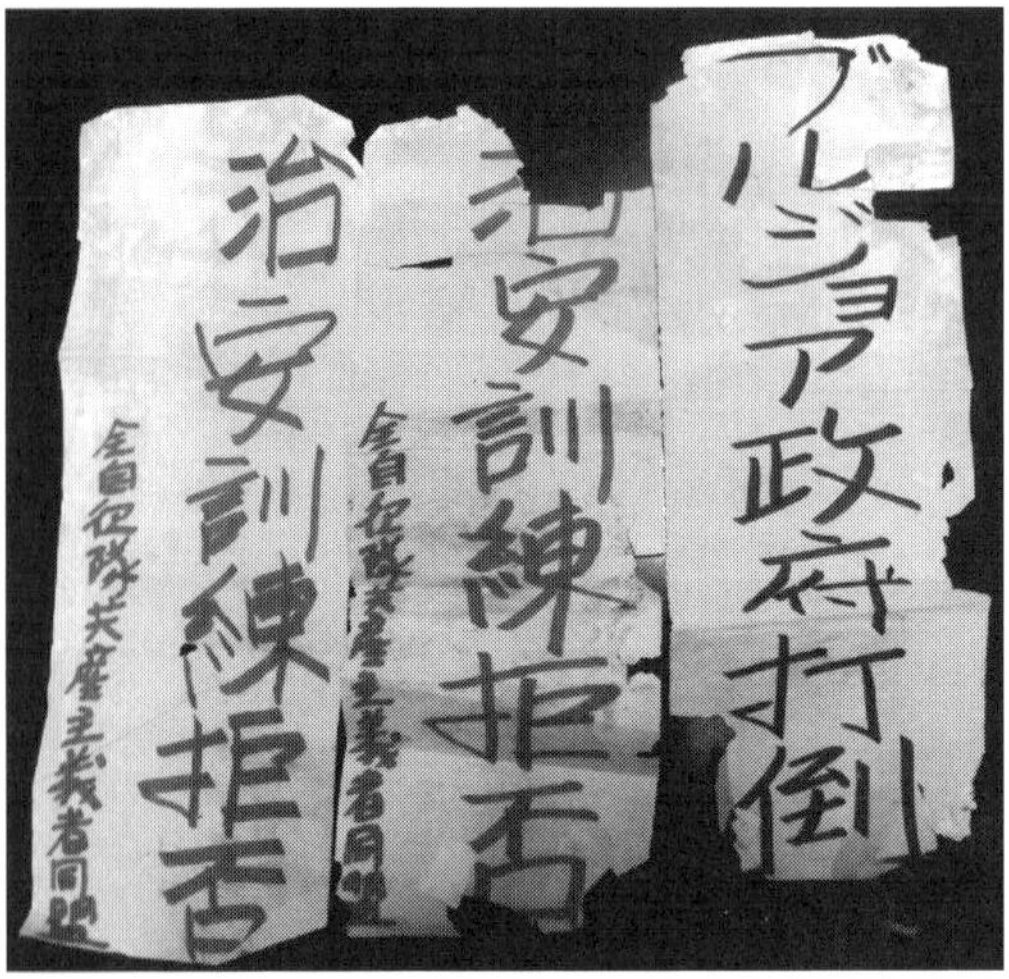

国旗掲揚台、基地司令官室前などに 100 枚以上貼られた手書きのビラ（警務隊押収物から）

ビラをつくり、「アンチ安保」をつくり、はりつけ、隊員たちに読ませる作業は、楽ではなかった。だが、休むわけにはいかない。やらなければ、やらなければいけない。

隊内の警備は強化された。三人の、まだ見たことのない私服の男たちがどこからかやって来ていた。眼つきでわかった。入間基地分遣隊からやって来た警務官たちだ。

「アンチ安保」第三号をつくれ。急いで。落ちついてはいたが、急ぐにこしたことはない。

一〇月一五日。第三号ができた。新聞折り込みを考えた。新聞販売店に持っていく。しかしことわられた。

――何故我々は治安訓練を拒否せねばならないのか……――ここはよかった。いや、次のところまではよかったのだ。――勝ちとれ。自衛隊に自由を、民主主義を。――だが、次がいけなかった。――ついに我々待望の全自衛隊革命的共産主義者同盟（赤軍）が結成された……――。

日共党員の彼からしてみれば、革命的共産主義者同盟、つまり革共同は敵だ。トロツキスト！赤軍。これがまずかった。

しかし、このことは私の闘いを一歩前進させる決意をうながした。ビラを作る。それを配る。はじめ匿名で。しかし、時がきたら、堂々と挑戦してやろう。そう思っていた。

軍隊の内部で闘う。そこに私の原点をおいておくかぎり、いつか逮捕されるだろう。しかし、除隊してからの自衛隊批判、という既成の運動をぶちこわすことは、いまこそ必要なのだ。そう思った。

しかも、〝犯人〟追及は迫ってきている。私が治安訓練を始める日が、彼らに堂々と闘いを挑む日だ、そう決心した。

一〇月一八日。治安訓練。はじめて、勤務時間があいた。八時。午前。朝礼。日の丸が正面に上がっていく。いやな気分だ。いつのころからだろう、日の丸にこんな感じを抱くようになったのは。いやな気分。ただそれだけ。昔はそうじゃなかった。

五年まえ、一五歳の少年自衛官として、はじめて制服を着て、上っていく日の丸に敬礼したとき、かなり感動したものだ。かなり、じゃない。あれはもう、すごい感動だった。かなり昔のことのように思える。

「これから、特別警備訓練を行う」

治安訓練、とはいわなかった。特別警備訓練。

「勤務の関係で訓練を受けられないものは列外に出ろ」

出る。出た。勤務はなかった。が、出た。

「小西、お前はなんだ。勤務はないはずだ」

「私は、この訓練を拒否します」

「拒否？　そうすれば、命令違反になることは知っているな」

知ってる。知っていて、拒否する。

「はい。知っています」

「で、どうするつもりだ？」

「ここで、見ています」

口をついて出た。いつかは訓練の時がくる。来たら、拒否する。それは前から決めておいた。

「見ている？　どうしてだ」

「これからの参考にするつもりです」

笑う。かすかな笑い。すぐに消える。訓練指揮官の西元一尉がいう。

「そんなことは必要ない。わかった。営内待機せよ」

歩く。玄関に向かって。訓練場を横切って玄関に向かう。用意していたものがある。こうなることはわかっていた。だから、用意してきた。ポケットのなか。歩きながら、玄関に向かって歩きながら、取り出す。「アンチ安保」第三号ののこり。

三人の制服がついてきた。そのまま歩く。玄関を入って、左に曲がり、部屋に行く途中、食堂に入る。そこの壁にはろうとする。

もう、かまうことはない。あとはやるだけだ。声。声がかかる。

「何をしている」

鋭くはないが、かなりきつい語調だ。小端二尉。通信小隊小隊長。三五歳。他に二人。

「何をしてるんだ」

「見たとおりです。ビラをはろうとしてるんです」

「何のビラだ」

相手は知ってるはずだ。「アンチ安保」

「見せましょうか？」

わたす。たいしてよくも見ない。

「こんなものをもらっても仕方ない」

「じゃ、返してください」

「無許可で、こんなビラをはったら、規律違反になることを、知ってるか」

知っている。もちろん。

「ええ」

「きみが規律違反をやると、みんなが困るんだぞ。いいか、きみのために、オレたちが困るんだぞ」

「規律違反であることは知ってます。だが、違反するということよりも、これをはることは、より重要なことです」

手がのびる。持っていたビラをとろうとする。すでにはってあった一枚も。

「何をするんですか」

「いいから、こっちへよこせ」

やりあい。小端一尉が近くにいた隊員を呼ぶ。七、八人に増える。やりあい、つづく。

「これは私のものです。私の私物です」

来る。例の男。警務官、たぶん。

「こっちへ来い」

いきなり、左腕をつかむ。一、二歩、進む。

「いったい、あなたはだれですか」

男、見る。いう。

「どんな権限があって、私を連れていこうとするんですか。あなたは、だれですか」

知っていた、ほんとうは。だが、たしかめる必要はある。

「警務官だ」

ぶっきらぼうに、男がこたえる。当たった。だが、つづける。

「警務官だったら、身分証明書を持っているでしょう。それを見せてから、連れていくのが、当然でしょう」

出す。しぶしぶ。司法警察官手帳。黒表紙。見る。ゆっくりと。

「じゃ、行きましょう」

玄関わきの、調べ室。入る。かんたんな調書。すぐに終わった。サイン。小西誠。

次の日、一〇月一九日。夜。のこっていたビラをバスのなかにまいた。ベースからレーダー基地へ向かう専用バス。座席の上。どう読まれるか、あるいは読まれないか、わからない。

後で聞く。ビラは読まれた。レーダー基地までの二〇分間、ビラは読まれた。そのあと、バカなヤツがいた。ビラを集めて、基地司令のところへ持っていった。小西がやった、ということは、もちろん、すでにわかっている。

こんな男を、レーダー基地で働かせるわけにはいかない。というわけで、勤務をとかれた。一〇月二〇日、だった。かわりに、ベースでの雑用が待っている。上官へのお茶くみ。そんな程度の雑用。

それに、取調べ。短いとき、一時間。長いときは、朝から晩まで。はてしなくつづく平行線。

一日。一一月一日。行政処分の証拠調べが終わった。一〇時ごろ。警務隊の四人に呼ばれる。

もう何度、顔をつきあわせたことか。供述が終わったいま、残された道は、もうない。あるのは、逮捕だ。

一一月一日。自衛隊記念日。すでに、たいした意味もない、記念日。

「今日は、会食をしようじゃないか。記念日だから、な」

「いいでしょう」

五人。警務隊、それに私。たいした会食ではない。食べものも、飲みものも。雑談。それがつづく。たがいに腹をさぐりながら。も

1969年当時の空自佐渡分とん基地（ベースキャンプ地区）

はや調べることは、ない。私が、「アンチ安保」やビラをはった。そのことは、わかっている。かくすことは、ない。それが正当な行為であるか、そうでないか、あとは平行線。ただ、むこうが知りたいのは、仲間のことだろう。仲間、シンパ。だれと組んでやったのか。このことは、これからのことに影響するからだ。

「小西三曹、何かいいのこしてることがあるんじゃないか」

笑い顔。会食が始まったときからの、笑い顔。そのままの顔で、いった。いっさいノーコメント。どんなにいいつづけたところで、何も理解しないだろう。

「いえ、べつに、ないですね」

ふつうに、笑いながら、いった。いい終わるとすぐに、むこうはきびしい顔付きになる。

「きみを逮捕する」

きた。くると思っていた。ほかには何も予想していなかった。きびしい顔と、鋭い口調。思った通りだ。何もかも。

2　良識ある自衛隊員諸君！

――「アンチ安保」全文

「アンチ安保」。私の権力に投げつけた挑戦状。全自衛隊員へのアピール。進歩的な人民大衆への連帯のあいさつ。それによって、私を叛軍への旅に旅立たせたパスポート……。

アンチ安保　第一号　44・9・24

アンチ安保を書き、アンチ安保を読み、
アンチ安保で考え、安保粉砕を叫ぼう。

民主主義とは、軍隊とは

昭和二十五年、アメリカの極東政策の一環として発足した自衛隊は、発足そのものが政府の政策遂行上、すなわち政府権力の秩序体系の確実な保持のためであり、権力が他の諸力に対して絶対的優位性を保持しておく必要性からであった。これが従来において軍隊の本質であるとされ、このような理解が国家の軍隊の方向を誤らせ、危機を招くところのものとなった。

我が平和憲法はこの理由から国家の武装を放棄したのであるが、しかし現実の世界情勢はきびしく、さらに国際協調、国連軍の見地からも何らかの自衛組織を必要とすることは明らかであった。すなわち諸国に侵略を誘発させないところの国家権力による政府による戦争の発動を防止するところの人民の軍隊、民兵組織である。

豊臣秀吉の〝刀狩り〟以来、我国の人民は武装する権利を放棄させられ、人民の武装は悪であり、権力の武装は正当であるとされてきた。しかし民主主義の本質、国民主権はその既成観念を転倒しなければならなかった。アメリカ憲法修正第二条は「規律ある民兵は自由な国家のにとって必要である。したがって人民が武器を保有し、武装する権利は、これは侵してはならない」と規定され、又スイス憲法も同様である。さらにフランス国歌「ラ・マルセイエーズ」も〝国民よ武器をとれ〟とうたっている。

この事実の示すように民主主義の本質、国民主権とは、人民が武器を保有し、武装する権利なのである。このことはすなわち、政府の権力の機関の武装は悪であり、人民の武装は正当であることを示し、さらに国民主権とは人民の政府への武装による抵抗権を表わしているのである。

軍隊とは人民による軍隊、民兵の基礎の上に常備軍を設置したものでなければならない。それは結局、人民による武力機構のコントロールを意味する。

このように民主主義の本質にのっとり、軍隊が正しく運営されていれば我々が二十数年前落ちこんでいったような、そして現在、我国が歩んでゆくような戦争への道を進んで行くことはないのである。

安保とは

最近、我国において国防の重要性がうんぬんされているが、現在の自衛隊の強化、日米安保の継続は何を意味するであろうか。それは国内の〝階級対立〟を認識しない限り把握することはできない。

従属的日米安保によって確かに少しばかりではあるが、我々の生活は向上し、GNP世界第二位の実績をあげた。しかし我々のわずかばかりの生活向上は、一部のブルジョア特権階級の利潤追求の副産物にすぎないことは明白である。その証拠に物価高、交通事故、公害、住宅難、その他いずれも我々人民の生活を侵食しているではないか。

このような日米安保のもとに成立している自衛隊はアメリカのそのような生き方に従属する日本政府、財界の利益を保護し、それを維持していくための手段〝ロボット〟にしかすぎないのである。決して我々日本国民の一人一人の生活と生命の保護、自衛のためにあるのではないのである。政府は国防の名の下に国民を欺き、権力のための一部特権ブルジョア階級のための自衛を強化してきたのである。

良識ある自衛隊員諸君、自衛隊法は我々に沈黙を強いるが、もはや我々は沈黙している時ではない。〝沈黙は罪である〟。

我々はロボットではない。機動隊のごとき良心を失った機械ではないのである。我々が人間としての良心をもち、平和と幸福を追求せんとするならば、我々はこのような現実をわきまえ、

〝現体制打倒〟〝安保粉砕〟〝沖縄解放――独立〟を目ざして真の民主国家建設のため、一致団結して闘っていかなければならないのである。

アンチ安保を書き、アンチ安保を読み、
アンチ安保で考え、安保粉砕を叫ぼう。

アンチ安保　第二号　44・10・1

沖縄共和国万歳！

戦後二十四年間、サンフランシスコ体制のもとで植民地化された沖縄に今、解放運動が激発しつつある。だが、この解放運動は沖・日・ブルジョア支配階級に〝祖国復帰運動〟として呼応させられ、次第にその〝解放〟を形骸化されつつある。沖縄祖国復帰とは何か。

それは沖縄人民の日本特権ブルジョア階級への〝隷従〟にほかならない。

そこには〝かなめ石〟の美辞麗句のもとに広大な戦略基地がなお存在しつづけ、沖縄人民は以前と何ら変わることなく爆音におびやかされ続けるのである。果たしてこのような状態で「真の解放」がありえるだろうか。もはや我々は、政府に、ブルジョア支配階級に、沖縄をまかせておくことはできない。〝沖縄よ独立せよ〟〝沖縄共和国宣言せよ〟

それ以外に沖縄人民の真の解放はありえないのだ。

沖縄は沖縄人のものだ。アメリカのものでも、日本のものでもない。

沖縄人よ立て、平和の楽園建設のために――

良識ある自衛隊員諸君、沖縄解放は沖縄人だけの問題ではない。「沖縄の独立」それは真の日本の独立を意味するのである。政府のいう「沖縄の核抜き本土並み返還」とは事前協議の名に隠れた「本土の沖縄化」にほかならないのである。〝佐藤訪米阻止せよ〟〝ブルジョア内閣をつぶせ〟。〝真の人間の叫びを聞け！〟

腐敗軍人、労働貴族を告発せよ

資本主義経済体制末期の症状である産軍複合体の波が我国にもおし寄せつつある。自主防衛、軍需産業の振興、武器輸出等がそれである。ブルジョア政府はその体制を存続させるため、あらゆる必死の手段をとる。福祉国家の宣伝、労働者、軍人の抱きかかえ、議会制の否定、はては治安維持法等の適用、大学立法の制定。

「自主防衛とは何か」それはまさにブルジョアジー、死の商人達の利潤追求の極限であると同時に人間としての良心を失った好戦的軍人階級の腐敗、堕落でしかない。見よ！　元統幕議長の住宅公団総裁への天下り、あるいは防衛部長の天下り等々まさに今の自衛隊はブルジョアジーと一体になったブルジョアジーの意のままに動くブルジョア階級のロボット使用人、奴隷ではないか。軍隊とは何か、軍人とは何か。自己批判せよ！

安保をつぶせ！

「安保条約はアメリカの核のカサの下に日本の平和と安全を守り経済発展に寄与し……」と政府は安保条約によって日本の平和が保たれていると公言するが、果たして安保が日本の平和にとって必要であるだろうか。アメリカは一九五〇年代から対中国封じ込め政策のもとに韓国、台湾、フィリッピン、南ベトナム、オーストラリヤ等と軍事同盟を結び、日本をもその〝反共政策〟の一環に加えてきた。

そしてその結果としてアメリカはベトナムにおいて〝反共〟の名のもとにベトナムを侵略し、ベトナム人を虐殺し、数々の非人道的行為を行ってきた。

そしてそれに従属する日本ブルジョア政府はアメリカのそのような政策を全面的に支持し、二十数年前中国において、東南アジアにおいて行った数々の悪行を忘れ、その中国に対しては戦争賠償責任を放棄し、そして今なおその中国を敵視し〝侵略国〟と呼んでいるのである。

良識ある自衛隊員諸君

日米安保は極東に無理に緊張をつくりだし、同じアジア民族である我々の同胞である中国人を敵視せしめているのである。

何故か？　それは特権ブルジョア階級の政治体制を維持し、特権ブルジョア階級の利潤を追求していくための最良の手段だからである。

勇気ある自衛隊プロレタリアート諸君、現実を直視せよ。そして立て！　ブルジョア階級政府、死の商人打倒のために、真の平和国家建設のために、
人民の正当な権利の主張を侵害するデモ鎮圧訓練、治安訓練を拒否せよ。

アンチ安保　第三号　44・10・15

アンチ安保を書き、アンチ安保を読み、
アンチ安保で考え、安保粉砕を叫ぼう。

我々の敵は誰か　我々の友は誰か

何故我々は治安訓練を拒否する必要があるのか。いや何故我々は拒否せねばならないのか。何故我々はデモるのか。何故デモらなければならないのか。

資本主義経済は初期自由競争形態から国家独占形態へ移行するにつれ、その内部にはいろいろな矛盾、恐慌、公害、交通事故、住宅難、人間疎外による犯罪の増加、果ては帝国主義戦争へと結着せざるをえなくなってきた。そこにおいて我々人民は搾取され、抑圧され、まさに人間以下の生活を強いられている。学問も科学も繁栄も、我々下層、貧困階級、プロレタリア階級には何をも与えない。

何故彼らはデモるのか？　何故デモらなければならないのか？

彼らはこの搾取され抑圧され、人間以下の生活を強いられている下層貧困階級、プロレタリ

アート階級が人間としての生活を人間としての生きる権利を勝ちとるために戦っているのだ。何故我々自衛官が彼等を鎮圧するのだ。我々は自衛隊入隊以前は、いや今でも下層貧困階級、勤労人民階級として搾取され、抑圧されているではないか。我々の生活を、人間としての生きる権利を勝ちとるために戦っている彼等を何故鎮圧する必要があるのだ。我々下層貧困階級、勤労人民階級の生活を向上させ、人間としての権利を勝ちとるために生まれたマルクス主義を、共産主義を何故拒否するのだ。

君はブルジョアジーか、支配階級か。

万国の下層貧困プロレタリア階級よ団結せよ。

友よ同志よ、立て、そして戦え、

打倒資本主義のために

　愛する父母、兄弟、恋人のために

友よデモ隊は我々の敵ではない。

　我々の敵はブルジョア政府、帝国主義社会体制だ。

人民の軍隊赤軍へ結集せよ！

国家って何だ、政府って何だ。自衛隊って何だ？　彼らは「命令は絶対だ」と言う。命令って何だ。命令なら人を殺してもいいのか。命令なら何をしてもいいのか。

いったい我々は何だ。犬かロボットか機械か？　極東軍事裁判においては上官の命令により捕虜を殺した軍人は処刑された。

すなわち何よりも必要なのは良心なのである。何よりも重要なのは「自分は個人はどうするのか」ということなのである。

自衛隊において我々は果たして人間としての権利を与えられているのだろうか。自衛隊が軍隊が非民主的な、非人間的なものであった時どうなるのか。その結末は第二次世界大戦が示し、今又、帝国主義政府が示しつつ、そして歴史は証明しているのである。

戦争が開始された時、戦場で死に傷つくのは誰だ。ブルジョアジーか。そんなことはあるまい。ブルジョアジーはあらゆる手段をつかって生き延びる。死に傷つくのは俺達なのだ。下層、貧困プロレタリア階級なのだ。自衛隊を警察を見てみよ。ブルジョアジーがいるか。たとえいたとしても彼らは安全な所、命令を下す階級、支配階級としているにすぎないのだ。徴兵であってもそれは何らかわらない。戦争で死に傷つくのは俺達なのだ。誰がブルジョア政府の指図で動くものか。

俺達が死ぬことを俺達がきめて何故いけないのだ。勝ちとれ、自衛隊に自由を民主主義を。

十月十日、遂に我々待望の全自衛隊革命的共産主義者同盟――赤軍――が結成された。この赤軍は革命の政治的任務を遂行するための武装集団である。すなわち、赤軍は帝国主義日本政府の戦争政策を未然に防止するだけでなく、大衆に宣伝し、大衆を組織し、大衆を武装し、大衆を助けて革命政権を樹立することを任務とし、広範な人民大衆の利益のために、全世界人民の利益のために戦うことを目的としている。

3　取調べは極秘にはじめられた

手錠をかけられた。私を逮捕すべく会食に呼び、その仕組まれたストーリーどおりに、私は逮捕されたのだ。

手錠はチャチなものにみえたが、それでももちろん動かしたぐらいではビクともしない。

「午後二時三〇分発の船で、新潟まで連行する。いいな。私服に着替えてこい」

警務官のひとりがいう。

「なぜ制服ではいけないのか。私は逮捕されても、いまでも自衛官であることには変わりがないのだ。そうであるかぎり、私は自衛官として行動する。私は制服は脱がない。このままで行く」

と、私。

私の抵抗に、警務官は困った顔を見せた。すぐにはことばを出さなかったが、やがて、いった。

「きみはすぐに懲戒免職になるんだ。そんなことはわかっているだろう。え？　それだったら、早く着替えたらどうだ、小西三曹。こんなところでゴタゴタいってもはじまらんぞ」

しかし、私は私服に着替えることを拒否した。別に私は、ここでイチャモンをつけるつもりはまったくなかった。とにかく、「自衛官」として最後までふるまおうと考えただけなのだ。

警務官は、しばらく考えこんでいた。三人の警務官たちが考えたすえに、思いついたのは、新潟航空救難隊のヘリコプターを呼び、私をそれに乗せて、新潟まで連行する方法だった。

警務官らがおそれたのは、自衛隊の制服を着たものが、手錠をかけられて、一般の客が何百人と乗り込んでいる定期船の前を歩くことだったのだ。そんなことをすれば、自衛隊に関してのイメージが落ちるし、極秘捜索の意味がなくなると彼らは考えたのであろう。

午後一時。私は警務官に連れられて、自分の隊舎に行った。ガサ入れだった。私の部屋は、一五人で使っており、一〇畳ほどのところに、列車の寝台車のようにベッドがならんでいる。下宿においてある荷物を別にすれば、私の持っているものはほとんどこの隊舎にある。

警務官らは、私に捜索令状を見せると、すぐに仕事にとりかかった。彼らがまずとり出したものは、私がこれまでビラなどをはるときにつかったセロテープや画鋲だった。そしてステッカーのり。警務官たちが手にするステッカーは、私にとってもはや一枚の紙きれではなく、私の意志、私の実体そのものであった。

部屋には四~五人の隊員が残っていた。手錠をかけられた私を見て、そして、捜索をうけている私の「場所」を見て、ただ沈黙していた。彼らはたがいにことばをかわさなかった。部屋は静かであった。私もまた、その静けさをつくっている条件でもあった。

「きみの下宿もいま、捜索しているからな」

警務官は、いった。

「誰が立ちあってるんですか」と私。

「通電隊長だ」

私は部屋に入ってきた内務班長に、私物を送ってくれるようたのんだ。たぶん、私は四〜五年、短くても二〜三年は、刑務所に入っていなければならないだろう。そう思った。

後悔したわけでは、もちろん、なかった。私はまちがっていなかった、という確信が、確実な手ごたえのようにあった。しかし、それにしても、四〜五年という月日は、重くのしかかるように感じられた。

二時ごろ、私は自衛隊の車に乗せられた。救難隊のヘリコプターが、新潟から佐渡についたのであろう。

その前に、私はトイレに行かせてくれるようたのんだ。この日、一一月一日は土曜日で、勤務の終わったものたちは、休日を楽しむべく、ウキウキしているようだった。そうした気分の軽さと、私の手首にかけられた手錠は、するどく対立しているかのように、私には思える。

トイレ。かつて私がビラをはり、ステッカーをはったところ。なかには、二〜三人いて、トイレのときだけ、片方の手首からはずされた手錠をぶらさげた私を見て、奇妙だな、といった表情をした。たぶん、私の身に何が起きているのか、を理解できなかったであろうし、時間がたったとしても、理解できないかもしれない。そのことを、私は残念に思った。

車に乗せられたとき、窓の外から通電隊長がなかをのぞき込むようにして、いった。――「身体に気をつけろよ」。

奇妙な親近感が、そこにはあった。私はその親近感に、すっと入り込んではならないと感じた。なぜだかわからなかった。ただそんなふうに感じたのだった。

「ご迷惑をおかけしました」

隊長はとまどいを見せた。私は申し訳ないという気持と皮肉とが入りまじった気持でそういった。「まだ、これからもやりますよ」。

隊長はこたえない。それでいいのだ。私はこれからも歩きつづけるだろう。かわした微笑が、少なくとも表面的には同じものであったとしても、そこからの道がちがうのだということを、私は忘れるべきではないだろう。

佐渡空港には、一般の客が一〇名ぐらい時間を待っていた。私とその客たちとは乗る時間も、乗るものも違う。私が乗るヘリコプターは、客の待合室から四、五〇メートルはなれた地点にとまっていた。空自・新潟航空救難隊のヘリコプターだった。

いい天気だった。晴れていて、風もそう強くなく、もし、いま私が佐渡めぐりをするために、ヘリコプターに乗りこむのだったら、これほど格好な日和はないだろう。よく知った島だ。もう二年もここにいたのだから。

ヘリコプターは、ひどく遅かった。いや、そんなふうに感じただけなのかもしれない。佐渡はすぐに小さくなり、やがて見えなくなった。

四〇分後、ヘリコプターは新潟航空救難隊へ着いた。警務官三人と私は、ヘリコプターから降り、救難隊司令室に向かった。

一〇畳分ほどの部屋で、私たちは中央においてあった椅子に座った。

「夕方まで、ここで取り調べる」

警務官がいった。

「もうないでしょう、調べることは」

相手の知りたがったことは、ただひとつだった。それは、私のほかに、だれが「アンチ安保」をつくり、配ったのか、ということだった
「革共同ってのは何だ？　きみのほかに、そこにだれが入っているのかね」

「アンチ安保」に、私が、「革共同赤軍が結成された」と書いたことが、彼らにはかなりショックだったのだろう。

私はいくつかの方向からなされる、このただひとつの質問に、すべて「黙秘」でこたえた。

調べは長くつづいた。自衛隊記念日で、いくぶん疲れたとき、赤飯が出た。奇妙なとり合わせだった。自衛隊の創立を祝う日に、私はその赤飯を食べながら、自衛隊に反乱したかどで、調べられているのだ。

夕方、救難隊の救急車で、私は新潟刑務所に連行された。制服を着て、手錠をかけられた姿は、

だから、外からは見ることができなかったのだ。

刑務所の門をくぐったとき、労役から帰ってきた受刑者たちの群れにあった。おそらく私も近いうちに、その集団のなかに入ることだろう。車のなかから、やがてその集団のなかに入るのだろうと思っているひとりの自衛官がいることに、彼らは気がつかないようすだった。

車を降りたとき、彼らは私に気づいた。眼がいっせいにこちらを向き、私はその視線のなかを、手錠をかけられた自衛官として、歩いた。

バンドをはずされ、私は房に入れられた。

新潟では拘置所と刑務所がいっしょになっている。最初、私は受刑者と同じ部屋に入れられるのではないかと思ったが、私が入れられたのは独房であった。

私が独房に入れられたとき、すでにあたりは暗くなっており、看守がすぐに夕飯をもってきた。しかし、私は取調べのとき赤飯を食べていて、腹はへっていなかった。

私は麦飯と、ソーメンに似たものを煮たようなおかずを、ちょっと見ただけで、手をつけなかった。

二畳か、それよりほんの少し大きいだけの独房で、ようやくひとりになれた身体を休めた。眠りは、すぐにやってきた。たぶん私は、かなり疲れていたのにちがいない。朝まで、一度も眼をさまさなかった。

次の日、一一月二日、午前中から、ふたたび警務官の取調べが始まった。きのうまでの調べではほとんど調書をとらなかったが、きょうの調べは、供述調書をとるのが目的のようだった。

長い質問と、私の短い「黙秘」というこたえがつづく。最後に、署名押印の拒否。

ここでもまた、革共同赤軍の質問が中心だった。だれが、いつ、作ったのか？　だれがそこに参加しているのか？　協力者はだれだったのか？


検察庁へ連れて行かれたのは、その日の午後三時だった。制服を着、手錠をかけられた私の姿を見たものは、だれもいなかった。この日が、日曜日であったことが、その理由であったろう。

検事の調べは一五分ほどで終わった。

「ゆっくり調べるさ。勾留がつくのはまちがいないし、それから調べたっていいわけだからなァ」。検事の最後のことばは、これだった。

一一月四日、勾留尋問のために、裁判所の判事と書記がやってきた。これは異例なことだった。ふつうなら、裁判所に被疑者が出頭するのであるのだから。

ほとんど質問らしい質問もせず、調べは二〇分足らずで終わった。

「きみを勾留する。理由は、証拠隠滅のおそれと、逃亡のおそれがあるからだ」

私は抗議した。

「どうしてですか……」

しかし、判事は受けつけなかった。こんなところまでわざわざ来てやったのだ、文句をいうな、とばかりに、書類を片づけはじめた。

「ところで、君が逮捕されたことを、家族のほうへの連絡だが、だれに連絡するかね。両親のほうにしておこうか」

「いいえ、結構です」

私はこたえた。これは私だけの問題だ。家族とは、少なくとも直接には関係ないことではないか。独房の生活は退屈だった。せまい部屋のなかを私はブラブラしていた。それしかすることがないからだ。

看守がどなった。

「座ってろ！　ここでは、壁の方を向いて座ってなければいけないことは知ってるだろう」

私は知っていた。

「何をいうか。オレは受刑者ときまったわけではないのだ。あくまで被疑者なのだということを、きみの方こそ知ってるだろう」

「規則は規則だ。ここにいるかぎり、この規則に従え」

「そんな規則に従う必要はない」

押し問答がつづいた。拘置所の保安課長が出てきて、同じことをくり返す。

しかし、四、五回も同じ問答をしているうちに、ついに相手は黙ってしまった。

以後、私は好きなようにふるまった。横になったり、ブラブラ歩いたり、せまい房のなかを動きまわった。

一〇月五日。検事が刑務所へきて、取調べをはじめた。

「黙秘」をくり返していたが、やがて私は決心を変えた……。

新潟の冬は寒く、一一月五日には本格的な寒さがはじまっていた。調べ室にはストーブもなく、私は少しふるえていたようでもあった。

「小西君、寒いだろう」

検事は、どこかからストーブをさがしてくると、火をつけた。その火にあたたまりながら、私は話しはじめた。

話したことは、なぜ私が「アンチ安保」というビラをつくったのか、ということだ。そのことを説明するために、私は自衛隊の歴史をはじめ、最近、佐渡の基地でも行われるようになった治安訓練の意味や実態についても話さねばならなかった。

自衛隊とは何なのか。

治安訓練は、どんな意味をもつのか。

人民はそれに対して起ちあがらなければならない。

人民武装の思想が、なぜ日本に育たなかったのか。

私は「アンチ安保」に書かれていることを、いっそうくわしく説明した。説明しながら、私はまた、自分の考えをも確かめているような気がしてきた。

調べが終わり、房に帰ったとき、私は自分の行動が正しかったのだということを、実感として感じとっていた。これまでも迷ったことはなかったが。

二、三日して、私は看守をとおして、小松製作所につとめている長兄にだけ、私が逮捕されたことを連絡してくれるようたのんだ。おそらく私のほうから連絡しなくても、自衛隊の方で連絡するだろうし、家族のものたちは突然に舞いこんだ知らせにおどろくことだろう。とすれば、私がどのような考えで、この行動をおこし、逮捕されてはいても、元気でいることを、私の方から連絡した方がいいだろう。私はそんなふうに考えたのだった。

一一月一三日。勾留延長の通知が、ふたたびきた。証拠隠滅と逃亡のおそれ。まったくバカげた理由だ。私は勾留理由開示公判を請求することにした。請求したのは、一四日だった。

一五日、刑務所へ佐渡基地司令と総務人事班長がやってきた。

「きみはね、今日付けで懲戒免職になったからね、いいね」

免職処分のいいわたしだった。やがてくるとは思っていた。六年間、青春の大部分を過ごした自衛隊。懲戒処分宣告書を聞いているとき、とめどもない寂しさが私を襲った。

「家のほうへも免職処分の通知を送っておいた。それから、きみは免職になったのだから、制服は持っていくよ。もう用はないはずだからねえ。自衛官じゃないわけだ、もう。それからいっさいの官品ももっていくよ」

私はやむなく制服を脱いでわたした。基地司令と総務人事班長が帰ってから、私は基地司令が下着を差し入れしていったことを知った。

一七日。連絡がとどいたのだろう、長兄と次兄が面会に来た。会ったのは午後四時ごろだった。

「お前、何やったんだ、こんなところに入って」

面会室へ入るなり、ふたりともどなりはじめた。私はいくぶん面くらった。

「こんなところに入っちゃ、一流のところはどこだって相手にしてくれないぞ。どうするつもりだ」

最初から、けんかだ。私もどなりかえした。兄たちは、何も理解してくれないのだ。

「なにが一流だ。それがどうしたっていうんだ。小松製作所のような兵器産業やってるところにいて、はずかしくないのか」

「何をいってるか。こんなところに入ったのは、お前の人間革命が足りなかったからだ。え？そうだろう」と、次兄。

次兄は熱心な創価学会員だった。そして、いまでも、そうなのだ。私もこの兄の影響で一時学会員だったことがある。しかし、この宗教のなかには、この時代を変えていく基盤がないことを知って、私はやめたのだった。

「お前のようなやつは、四〜五年ここに入っていて、頭を冷やさなくちゃダメだ。少し頭を冷やしてこい」

刑務所ではないにしても、兄たちにとって警察のやっかいになるということは、もはやどうしようもない悪なのだ。被疑者、あるいは受刑者が、何をしたかなどということは問題ではない。しかし、これこそが、ふつうの人間のもっている理解であり、この理解のために、すべての犯罪は平面的な悪一般となっていく。政治犯も、その例外ではない。

「家のおふくろはな、お前が逮捕されたと聞いて、寝こんでしまったぞ。いいか、お前はみんなの迷惑になっているんだ」

私はこれいじょう話すのをやめた。けんかで始まりけんかで終わった面会は、二〇分間だった。房にもどってからも、私はかなり兄たちに対して怒っていた。

一九日。私の請求した勾留理由開示公判の日だった。九時半に、私の公判は始まった。後で知ったのだが、ふつう裁判所の公判は午前一〇時にはじまる。私のばあいは、三〇分はやめられたわけだった。

だれにも会わなかった。廊下でも、どこでも。

私の「事件」は極秘のうちに調べられているのだということを、私は感じとっていた。法廷に入ったとき、傍聴人がひとりいた。私は新聞記者だ、と思った。ここで私の事件を他の人々に知らせなければ、このまま埋もれていってしまうだろう。いままでが、そうだったのだ。兄たちはアテにはならない。まちがいなく、私のことを隠そうとするだろう。

裁判は、山田裁判官の担当ですすめられた。まず、裁判官は逮捕状を読みあげ、勾留理由は、逃亡と証拠隠滅のおそれ、その他に、住所不定までもつけ加えたのだった。

今度は、私の番だった。私には弁護人がついていないので、私じしんが、私の考えていること、勾留が不当であることをすべて述べなければならない。

私は猿仏事件のことを引用して話した。この事件のとき、国家公務員である郵便局員が政治活動をしたということで起訴されたが、裁判の結果、彼は無罪になったのだった。

「このような例があるのに、国家公務員である自衛官が、政治活動をしたといって逮捕するのはまったく不当である。それに加えて、このような極秘の処分をしていることは、裁判所が国家権力と癒着していることを示している。裁判所はつねに公正であるといいながら、これはけっして公正でないことを表しているではないか。もし、こうした処分をこれからもつづけるのであれば、私はあらゆる手段をとおして、闘うであろうことを、はっきりいっておく。しかも、住所不定とはいったい何か。逮捕状にも書かれているように、私の住所はちゃんとわかっているではないか。あなたは、私の下宿の住所を知っている。知っていながら、このような勾留をつづけているのは、いったいどういうわけか。裁判所がブルジョアジーの手先として使われ、現体制の補完物となり下がっていることを示しているではないか」

私の持ち時間は、一〇分間だった。この短すぎる時間をとおして、私が話した相手は、裁判官というよりは、話している私の背後でじっと聞いている傍聴人であった。とにかく、ここに、このような私がいることを、外の人びとにどうしても知ってもらわなければならない。

「しかも、私に接見禁止がついているのはどういうわけか。すべてを極秘のうちにすすめようとしている自衛隊と検事と、それに裁判所の意図が、そこに隠されていると考えざるをえない」

二一日の昼、私は独房にいた。刑務所のなかでは、よくラジオがかかっている。昼のニュースが始まった。私は耳をすましていた。私のことを、どこかで報じているのではないか、という期待があったからだ。

ラジオのアナウンサーが、「自衛隊のなかで……」といいかけた。緊張した。とたんにラジオがプツンと切れた。

刑務所側で切ったものだ。私はニュースの中身を聞けなかった。しかし、私はじぶんのことが報じられていることを、知った。


うまくいったのだ。傍聴人は新聞記者だったのだ。いや、そうでなくても、彼が報道機関に、知らせたのにちがいない。私はそう思った。

しかし、あとで知ったのだが、彼は司法修習生だった。彼は検事から口どめされ、私のことはだれにもしゃべらなかった。しかも、九時三〇分からの、私の公判のあることは、ふつうだったら裁判所の黒板に一日中書かれているはずなのだが、これも短い公判が終わると同時に、検事の手で消されてしまった。

私の公判はこうして、関係者いがいには、まったく知られないまま、消されようとしていた。しかし、地元の新聞『新潟日報』の記者が、消された黒板に疑問をもったのだ。私のことは、ひとりの新聞記者の手で、一般に知られるようになったのだった。

そんなことは、しかし、独房のなかの私は知るよしもなかった。

二一日の午後、検事が私のところへやってきた。

保釈後、新潟弁護士会館で記者会見する筆者

「君を弁護したいという人が来ているが、会うかね？」

私は返事をした——

「会いましょう」。

検事は同じ質問を何度もくり返した。それはしつっこいほどだった。

私は「私を弁護したいという人」今井敬弥弁護士に会った。かんたんに、私がなぜ逮捕されたのかを話した。

「新潟弁護団の招集をかけてあるんだ」

今井弁護士はいった。私たちの話は一五分ほどつづいた。

独房に戻って、私は大きく呼吸した。これでいい、私のことを理解してくれる人が、出てきたのだ。

二二日の夜だった。私は看守から、私が正式に起訴されたことを知らされた。その日の昼、私は一時間ほど、ふたたび訪れてくれた弁護士と会った。今井氏ではなく、やはり地元の渡辺、板東、平田氏らであった。私の保釈に関する話も、そこですすんでいることを知った。

二四日、私は保釈となった。すぐに私は、新潟弁護士会館へ向かった。そこには、新聞記者をはじめ、いろんな報道関係者が集まっていた。

私は話した。いままで何度も、警務官や検事、それに公判のときなどに、話したことだった。ただひとつ、ちがうところがあった。

話しながら、これで一段落ついたのだ、次の段階のために、私はすすみつつあるのだな、という実感が、それだった。

II　貧困と差別からの脱出

1　私の少年時代

私はもう何年も考えている。……いや、これを書いているいまも、考えている……。私はなぜ自衛隊に入ったのだろう、と。

叛乱をおこすために入隊したのではないことはたしかだ。なぜなら、私が自衛官になったのは一五歳のときで、そのときの夢は、「大将」や「元帥」になることだったのだから。ちょうど戦前の学童があこがれたように。

九州は日本のなかでもとくに「兵隊さん」をとうとぶ土地である。尚武の気風がさかんで、武士や軍人は昔から、特別に偉いものとされてきた。そしてその伝統は、敗戦後二〇数年をへたいまも、そんなに変わっていない。

息子が自衛隊に入ると、家族はそれを、赤飯をたいて祝う。近所のものたちも集まってきて入隊を祝う。

「なんてったって、国を守ることはたいせつだしの」

きわめて常識的に、また単純に、人びとは口にする。こうした環境のなかで育った息子たちも、そう考えている。

私は、その九州に生まれた。昭和二四年三月だった。

両親はもともと鹿児島市内に住んでいたのであったが、大戦中、戦災にあうばかりでなく、「連合軍、鹿児島上陸」のうわさに、はやばやと宮崎県串間市に疎開したのであった。疎開先の串間市の家は、母の実家であり、私の祖父と祖母が住んでいた。

疎開してまもなく、鹿児島市内の家が空襲にあい、焼けた。全焼であった、という。

少しばかりの田畑をわけてもらい、両親は串間市に住みついた。もともと疎開先であったために、家には何もなかった。鹿児島市内の家から持ってこれるものはしれていたし、それに、もとの家にしたところで、たいしたものは何ひとつなかったにちがいない。当然なことに、家は貧しかった。

私のきょうだいは七人である。現在、小松製作所に工員として勤めている長男、いまでも職を転々と変えている創価学会員の次男、その下の姉、現在も自衛隊員である三男、それに私、私の下に、いま中学生である弟がいる（長女は戦前四歳で亡くなる）。

三男である私のすぐ上の兄は、私と一年違いである。集団就職で愛知県の日興毛織へ補繕工として入ったが、私が自衛隊へ入隊するとそれに影響されて、また入隊してきたのである。

私は、よくこの兄の会社へ制服を着て遊びにいったが、おもしろいことには、兄のもう一人の親友もまた入隊してきた。

最近、自衛隊一家と名づけられる人たちがいて、親、子ども、すべてが自衛隊員だったりするが、このようなことは、九州ではめずらしくないのである。

この、いまなお自衛隊員の兄には、私が保釈になったのち、会った。しかし、とまどったような顔をして、私のことについてはほとんど話をしなかった。

私は、たぶん兄や姉たちにくらべれば、めぐまれたほうであったかもしれない。時代がすすむにつれて、いくぶんかでも生活は楽になってきたし、少年時代の私は、兄たちに守られてきた面もあったからだ。

兄たちや姉は、中学を卒業するとすぐに働きに出た。高校に進学することは、なにも私の家だけでなく、串間市の中学生にとっては、むずかしいことだった。とにかくどの家も豊かではなかったし、中学を出て、職に就くことは当りまえのコースだった。地元に残るのではなく、ほとんどみな集団就職というかたちで、職に就いていった。

集団就職者がみなそうであるように、私の兄や姉は四人とも、あちこち転々と職を変えていった。

集団就職ということばには、どこか悲惨な感じがつきまとっている。かつて、「娘を売る」ということがあったが、集団就職ということのなかには、それと同じことがある。資本家に労働や肉体を売る、ということに変わったにすぎない。

私の父は、大正三年に生まれた。戦前は川崎航空に勤めていたというが、戦後、たちまち失業した。手に職がなく、肉体労働をするしかなかった。そして、いまでもときどき、出稼ぎに行く。

五〇を過ぎた身体に、肉体労働はたいへんである。だが、まず食うために、働かなければならない。それには、いまもって、出稼ぎしかないのである。絶対的な貧しさが、私の家、私の家族、それだけでなく、九州全体をも侵している。

酒を全然やらない父は、真面目一本ヤリである。気は小さいのかもしれないが、こうした貧困のなかで、父にできることは社会党に投票することだけであった。「労働者の国家を目ざすから」と、父はいったものだ。私が自衛隊に入る、ということを聞いて、父は反対した。「自衛隊に入って、何になるんだ」と。

いまから考えると、戦争が父に与えたものは、軍隊のもつみじめさと、その軍隊を育てることによる国家のみじめさだったような気が、私にはする。しかし、当時の私には、そのようなことがわかるはずもなかった。父の影響というよりは、私は九州という地方がもつ力に影響されていたのだから。父はそのなかでの、力ないひとりの人間にしかすぎなかったのだ。

母は、大正七年生れ。私の少年時代の良き話し相手であり、相談相手だった。入隊のとき、賛成してくれたのは、まず母親だった。私の小さいときから軍歌をよく歌ってくれたり、戦場での日本軍人の勇ましい話をしてくれたりした。私の少年時代の考え方は、母親の影響のもとにあった、といってもいいくらいである。

私が新聞配達をはじめたのは、小学校三年生のときだった。家が貧しかったこともあって、私は比較的早くから、金を稼ぐことを知った。

串間市内といっても、私の住んでいたところは小さな村だった。戸数はほぼ一〇〇戸ぐらいあって、私はこの小さな村を、新聞を配達しながら走った。

村はたいていどこでもそうであるが、ばあいによっては一軒と一軒の間が、一キロも離れていたりする。このような村では、ひとりの新聞配達人が、すべての新聞、『朝日新聞』とか『毎日新聞』、『宮崎日日新聞』などを配るのである。

五〇部ほどの新聞を、私はいまも自衛隊にいるすぐ上の兄といっしょに配ってまわった。配達区域がかたまっているところを配るほうが、一軒一軒が散っているところを配るよりはずっと楽だ。私と兄は、このふたつの区域を一日ごとに交替しながら配ってまわった。

筆者と弟（中学２年生、実家は裏が山、前は海）

一カ月新聞配達をして、いくら稼いだかは、いま、あまりよく覚えていないが、たぶん六〇〇円くらいではなかったかと思う。この金は、少年だった私にとっても、けっして大きな金額ではなかった。文房具や、ちょっとした日用品を買えば、すぐにその金はなくなってしまった。

しかしそれでも私は、新聞配達を四年間つづけた。兄は途中からいなくなった。中学に入学し、その中学校は家から八キロも離れたところにあったので、兄には時間がなくなってしまったからだった。

そして私も、ほとんど中学入学と同時に、新聞配達をやめた。

私にも時間がなくなったからだ。中学校までの八キロの道を、私は歩いて通った。同じ村から通う中学生たちは、電車で通っていた。しかし、私のきょうだいたちも私も、ついに歩いて通いつづけた。長い道のりだった。帰ると、もう暗くなっていた。

小さな町の小学校でも、私が入学したときには、給食制度は整えられていた。たいていどこの給食もすべてそうであるように、私たち小学生は、「まずいなァ」といいながら食べたものだった。ボソボソとしたパンと、薬の臭いのする脱脂粉乳、それにわずかなおかず。

「食べられないから」とか、「まずくって」などといって、給食を残そうものなら、教師たちは怒ったものだった。

しかし食事がどんなにまずくても、小学生をもつ親たちにしてみれば、給食制度が整えられていることは、ありがたいことだった。まず、弁当をつくる手間の点で、そして、その費用の点でも。私たちも、そのことは知っていた。毎日の弁当をつくる手間や、その費用のことを考えるとき、まずい給食をがまんしないわけにはいかなかったのだ。

だが、弁当のほうがいい家庭だってある。朝食のおかずの余りを弁当につめるほうが、ある家庭にとっては安あがりなのだ。

　私の家は貧しかったから、毎月の給食費が家計のなかで占める割合は、けっしてばかにはならなかった。だからこそ、私や私の兄弟は、すでに小学校時代から新聞配達をしたりもしたのだった。それだけでなく、中学生のころ、すでに高校生なみの体格だった私は、父とともに土方のアルバイトなどもした。

　父はときどき、いわゆる日雇いと呼ばれる土方の仕事に出かけていった。激しい肉体労働で、しかし手に職のなかった父にとっては、そういったところにしか労働の場はなかったのだ。

　私の給食がストップされたのは、小学校三年生のときだった。給食費が払えなかったというのが、その唯一の理由だった。私の家は、もちろん、給食のストップを望んではいなかった。だが、金がない、ということはどうしようもないことだった。

　同じ学年で、給食をストップされたのは、四～五人いたように思う。

　教室で、まわりのものが給食を食べているとき、ほとんどおかずらしいおかずも入っていない弁当を食べることは、大きな屈辱だった。私は懸命に、それに耐えた。

　あるときは、弁当さえ持っていけないこともあった。級友たちが教室で食事しているとき、私は校庭や裏の山に登って、遊んでいた。

　しかしほんとうは、遊んでいた、などというものではなく、私は、金がないということで差別されることの屈辱に、じっと耐えていたにすぎない。

その耐えることが、私に教えたものは、何よりもまず、貧しいものが、ただそのことだけで、差別されるのだ、ということだった。私は、だからといって、私の家庭より豊かなものたちをうらやんだわけではない。九州の実に小さな一地方のなかで、豊かといっても、その豊かさなどたいしたものでないことは、ほかならぬこの私がいちばんよく知っていた。みな貧しかったのだ。

差別されることの屈辱は、したがって、ぶつけどころのない怒りへと変化していったように思う。その怒りの具体的な現れは、しかし、怒りとしてではなく、学校時代の成績の上昇をめざすものとなっていった。私は小学生のときからほぼ最上位だったが、またそのエネルギーは反面、激しい反抗へと変化していったのかもしれない。

中学三年生のときの、「ストライキ事件」は、反抗のひとつの典型であったろう。

2　「ストライキ事件」

中学三年生のとき、私はクラスの委員長をしていた。私のまわりには、たくさんの仲間たちがおり、私はかなり信望があったほうだったろうと思う。けっして、ボスのようなものではなかったが、私はクラスの委員長であったこともあって、仲間たちは私とよく行動をともにしたものであった。

三年生のときの一一月ごろだったと思う。私たちが、「ストライキ事件」と呼んでいる事件がもちあがった。

私たちの国語科の担任教師は、かなりヒステリックな女の先生だった。

一一月のある日の国語科の授業。クラスのひとりが教科書を忘れてきてしまった。こうしたことはよくあることで、そのたびに、私たちは互いに教科書を見せあったりしていた。そして、そのときも同じで、忘れてきた友だちに、私が教科書を見せていた。

どのような内容の授業であったたか、すでに忘れてしまったが、女の教師は黒板の前で、いつものように、教科書に書かれていることの説明をしていた。

教室は、まったく静かだったわけでもなく、また、ざわめいていたわけでもなかった。いつもと同じで、いつもと同じように、授業はすすんでいった。

教師の説明のなかに、一カ所だけ、どうしても理解できないところがあった。というよりは、教師の解説がまちがっているのではないか、と思われるところがあったのだ。

しかし、私の解釈が正しいのだ、という自信もまた、私にはなかった。

そこで、私と机をならべ、一冊の教科書を使用していた友だちと、教師の解釈とはちがった解釈について話しはじめた。

話し声が大きかったわけではない。大声にならないようにかなり注意しながら、話したはずだった。

しばらく後になってからだった。

「何してるの……そこのふたり。授業中は黙って聞いていなさい！」

と、教師が叫んだ。

叫ぶ、という表現がぴったりするいい方だった。にらみつける教師。

私は立ちあがった。

「いま、先生が説明したこととはちがった見方もできるんじゃないか、ということを話してたんです」

いったん中断された授業がふたたび始まった。教師は、自分の解釈と、それに異議をとなえた私の解釈については、まったくふれなかった。ふれないまま、授業はつづいた。

だから、私がまた、隣の生徒と話しはじめたのは無理もなかった。少なくとも中学生の私にとっては。

そして、ふたたび叫び声。

「こちらへ出てらっしゃい。そう、ふたりとも。いったい、何を話してるんですか」

私と友だちは、前へ進み出た。私は、私たちが話していたことの内容を、また、くり返した。

教師は、私がウソをついていると思ったのかどうかはしらないが、私は、ほんとうのことを話した。私たちは授業に関係ある話をしていたのだから、それをかくす必要などまったくなかったからだ。

ところが、私の話が終わるか終わらないうちだった。私と私の友だちは、頭からチョークの白い粉をかけられたのだ。

私は怒った。

白い粉は頭や顔、それに服にまでふりかかり、私はそれを払うこともせず、自分の席へ戻ると、友だちとふたりで教科書をしまい、そのまま教室を出て行った。

教室のなかは、しんと静まりかえっていた。その授業が終わったあと、チョークの粉を洗いおとした私たちは、他の級友たちと、さっきの事件について話しあった。それは話し合い、というようなものではなく、どの友人たちも口をそろえて、女教師をこきおろす作業だった。

私たちの怒りはなかなかおさまらなかった。

私は提案した。

「授業に出るの、やめようよ。もう、絶対に出るもんか」

そこにいたものみんながうなずいた。

私たちは、次の時間から、国語科の授業のボイコットをはじめた。私たちは、このときふたりではなく、一四~五人にふくれあがっていた。

クラスは五〇人ほどいて、その半数が男子だった。授業のボイコットをはじめたのは、男子ばかりの一四、五人であった。

私たちは学校の裏の山に行って、遊んだ。授業が終わるまで、そこにいた。

次の時間も、次の時間も、私たちはその女の教師の授業をうけなかった。裏の山に行って、私たちは弁当を食べたり、木に登って遊んだりしていた。

しばらくして、女教師が私と話し合いたいといってきた。私は会って話した。

「どうして、授業に出てこないの」

教師は、そのことだけをくり返した。私は説明する。何度説明しても、彼女は自分の非を認めなかった。

ボイコットは、さらにつづいた。

私たちはあいかわらず、裏の山に登りつづけ、遊びつづけた。脱落していくものはひとりもいなかった。

また数日して、教師がもう一度、話し合いたいといってきた。私は会った。

こんどは、ようすがちがっていた。彼女はただ謝るだけであった。

「私が悪かったわ。私が悪かったことを認めるから、授業に出てきてちょうだい」

「ほんとうに認めるんですか」

「認めるわ。私が悪かった。チョークの粉をかけたり、あなたたちの質問にこたえなかったりしたのは、私がいけなかったからなの」

それ以上、ボイコットをつづける必要はなくなった。私たちは別に、彼女をいじめようと思って、授業に出ないのではなかったからだ。彼女が自分の非を認めているとき、私たちが意地になってボイコットをつづけることはできない。中学生だった私たちは、そんなふうに考えていた。

「ストライキ事件」の片がついたとき、もう一二月に入っていた。

一二月、私の少年自衛隊学校合格は、内定していたのだった。


もし私の少年時代に、現在の私への基礎があったとしたら、それはどのようなものであるだろうか、と考えることがある。

私は、たとえば給食のストップなどにあったように、自分が差別されることをとおして、差別に対する怒りを、小さかったときから持っていたように思う。その抱きつづけた怒りは、ふたつの方向に向けて、別の形になりながらも、深められていった。

ひとつの方向は、「ストライキ事件」に表れている。それは、自分がまちがっていないとき、あたかもまちがっているようにいわれたり、注意されたり、怒られたときなどに私のとる態度、すなわち反抗というかたちである。

そしてもうひとつの方向は、奇妙と思われるかもしれないが、自衛隊入隊として表れてきた。そのことを説明するために、私は何度も、九州という土地がもつ、軍隊や自衛隊に対する好意について語らなければならないだろう。

昔から、九州では武士や軍人は特別に偉いものだとされてきた。したがって、りっぱな軍人のいた家は、近所の評判もよかったのである。その伝統は、敗戦後も変わることはなかった。自衛隊と名を変えた軍隊は、どこよりもまず、九州地方で暖かくむかえられたのである。

現在の自衛隊員の出身地別の割合をみると、圧倒的に九州出身者が多い。ほとんど三割ちかくを占めているのである。ついで東北地方。

こうした統計を見てわかることは、自衛隊員の多くは、九州地方や東北地方など、所得水準の低い地方からの出身者で占められているということである。

私の郷里も、貧しい人びとが多かった。どこの家でも、息子や娘たちを高校に進学させることは、かなりきついことだった。たいていは、私の兄や姉がそうだったように、集団就職していった。

そうした貧しさに加えて、私の郷里も、「尚武の伝統」が強く生きつづけていた。こうした一地方にとっての〝エリート・コース〟は、自衛隊に入ることである。

私はそのことを何の疑いもなく、信じきっていた。母親のうたう軍歌、祖父の話す日露戦争のころの話。たとえ父がいやな顔をしても、私は母や祖父の話に聞きいったものだった。

私はいつのころからか、たぶんまだ小学生だったころだろう。自衛隊に入るのだということをきめていた。「いまに見ていろ……」と、私は思った。差別されることからくる私の小さな胸の大きな憤りは、やがて、エリート・コースに乗ってやるのだ、ということで直接的に表現されることをおさえられていた、といってもいいかもしれない。

私より二歳上の上級生に、少年自衛官の試験を受けた人がいた。彼は、クラスでの成績はもとより、学年でもトップだった。

少年自衛官の試験は、かなり倍率も高く、たしかそのころは二〇数倍であった。しかしその難関を突破するだろう、と彼を知っていた友人たちや教師たちは話していたものだった。

だが、結果は、不合格であった。第一次試験の学力テストで、彼は落ちたのだった。

私は、彼が受験し、不合格になったことを知っていた。それで、試験がかなりむずかしいであろうことも、わかっていた。だが、どの程度にむずかしく、どのような勉強をすればいいのかについては、まったく見当もつかなかった。

少年自衛官の試験について調べていくうちに、私は、この試験のための通信教育があることを知った。私はさっそく手紙を書き、その案内書を求めた。

通信教育は、月一回それまでに出題された問題を印刷した用紙を受けとり、その問題の解答を送り返し、その解答を添削するというシステムになっていた。もちろん、私はその通信教育を受けることにした。

私は熱心な受験生だったのだ。「いまに見ていろ」と思う心が、私を支えた。

第一次試験は、一〇月に行われた。二〇数倍という競争に勝つ自信は、私にはあった。国語、数学、社会、英語、理科の五科目が、試験科目であった。

二カ月後に、合格の通知がきた。

母はだれよりもまず、喜んでくれた。父はいい顔をしなかった。私が自衛隊に入ることを喜ばなかったのは、父だけだった。

近所の人たちも、さかんにほめたたえた。

「立派だのう」

私は鼻が高かった。

私がいた中学校から、ストレートで少年自衛官の試験に合格したのは、私が最初であった。教師たちも、この学校はじまっていらいのエリートを生んだことで、たいそうわきたっていた。

「よくやったなァ、ほんとに」

「合格するとは思わなかったよ」

「とにかく、がんばって来いよ、いいな」

私にはまだ、第二次試験の面接と、三次試験の身元調査、身体検査が残されていたが、一次試験を通過した私には、二次・三次試験に合格するだろうことは目に見えていた。

私は、エリート・コース々の第一歩を踏み出したのだ、という気がした。

二次にパスし、三次試験にパスした。

昭和三九年三月のことだった。

3　少年自衛隊での生活

その日は朝から雨が降っていた。埼玉県の熊谷基地はひろびろとしていた。ここでこれから四年間過ごすのだ、と思うと不安と希望がおもおもしく重なりあってくる。

航空生徒隊隊舎（熊谷市籠原、米軍キャンプから引き継いだ「かまぼこ型」隊舎）

父兄につきそわれた明日からの同期生が、屋根の低い細長い建物のなかに集合して身体検査を受けていた。この身体検査は最終試験である。一一月から五カ月が経過していたので、その間の身体状態の最終テストとして行うことになっている。

この検査で一人が不合格になり、寂しそうに帰郷していった。私も一〇日ほど前から化膿した足裏の小傷のため、不合格になるのではないかと心配した。

「入営するときは、父兄がつきそっていくもんだ」と父はいった。ほとんどの者が家族と一緒である。午後から家族が十輪車（G・M・Cトラック）に乗って帰っていくと泣き出すものもいた。無理もないかもしれない。一五歳では。

不思議と、私は郷里の駅を出るときから、一五年間過ごしたこの土地を去っていくんだという哀愁は湧いてこなかった。私自身の心にある孤独がそうさせたのだろうか。中学時代には、私は表面的には孤独ではなかった。いつも友人たちと騒ぎまわっていた。しかし、心の底にわだかまっているこの孤独感だけは払いのけることはできなかった。

午後一時ころから官品の支給がはじまった。大きな衣のうをもって順番にもらい歩く。制帽、制服、シャツ、靴、バンドと。なにか、ひじょうに大きな笑いがこみあげてきた。

雨上がりの基地は美しかった。二〇年前まで陸軍少年飛行学校があったという当地は、まだ滑走路がその面影をとどめていた。御稜威ケ原《みいずがはら》というこの場所は、北に赤城山をにない、ひろびろとしたところである。

香豊かな日本の／緑に透める大空に／若き命を捧げんと
　真義練武の道をゆく／清き姿の若桜
試練の波の幾年か／今修練の身を結び／父祖の守りし大空を
　今や我等の任に負う／清き姿の若桜

忠魂碑の建ててある前で、陸軍少年飛行学校校歌を班長の村山二曹は歌ってくれた。感激に胸が熱くなる。

「彼らの志を受け継ぐのはきみらだ、いいか」中隊長はいった。

「よしやるぞ」といった気概がみなの胸に伝わっていくのが感じられた。

こうして私はあこがれの自衛官になったのである。正確にいえば、私は航空自衛隊第四術科学校に属する航空生徒隊生徒であった。


「宣誓――私は、わが国の平和と独立を守る自衛隊の使命を自覚し、法令を遵守し一致団結、厳正な規律を保持し、常に徳操を養い、人格を尊重し、心身をきたえ、技能をみがき、政治的活動に関与せず、強い責任感をもって専心職務の遂行にあたり、事に臨んでは危険を顧みず、身をもって責務の完遂に努め、もって国民の負託にこたえることを誓います。――」（傍点は筆者）

この宣誓がなんであったか、何を意味しているのかほとんど意識はなかった。みなもそうであろう。――「国を守る気概」がなかったのと同様に。

この日をもって自衛隊生活は本格的に開始された。いままで親切そうに見えていた指導生徒（上級生から一区隊に二名配置される）が、急に恐ろしくなった。

起床ラッパが鳴ると同時に「もたもたするな、何やってるのだ」と気合をかけられる。点呼が終わると駆け足、腕立て伏せでしごかれる。ラッパ後、三〇秒以内に着替えて出なければ、遅れた秒数に比例して腕立て伏せをやらされる。

私は第四中隊第二区隊に所属した。航空生徒隊（少年自衛隊——航空）は四年制で約一中隊九〇名編成である。九州出身がもっとも多く、いちおう中卒を対象としているが三分の一は高校中退者でしめられている。

昭和三〇年三月から第一期生の入隊が開始され、近代兵器の科学的発達にともない、それに習熟した中堅技術空曹養成の目的で設置された。熊谷のほか、呉に海上一二〇名が、横須賀に陸上五〇〇名が在隊する。

私たちの生徒隊は航空自衛隊第四術科学校に属し、管制官、ミサイル関係、バッジ（自動警戒管制組織）、レーダー、通信技術を担当している。

「きみらは部隊に行ったら、きみらよりも五、六歳も年上の部下を指揮するんだぞ、そんなことでやれるのか」

指導生徒のいつもの口ぐせであった。

そして朝から、徒手教練にしごかれる。点呼後は一日の反省を強いられ、説教をくう。もっともいやなのは土曜日の夜である。一〇時に就寝して、うとうとしたかと思うと、「四中隊総員、非常呼集、服装は戦闘服装、点呼場へ集合！」という上級生の号令がかかってくる。少なくとも基地二周の駆け足が行われ（一周五キロ）その後、説教が始まる。

「きさまらは最近、われわれに対する態度がよくない。敬礼なんかなっちょらん。権田、きさまの今日の敬礼はなんだ」

殴る、蹴るの実力行使も行われる。しかし、ほとんど黙認の形である。いちおう禁止されているが。上級生にこのような権限を与えるのは軍隊内秩序にとって不可欠なものであるらしい。

「入ります、小西生徒他二名、水津先輩に用件あって参りました」

「声が小さい。やりなおせ」

やりなおす。ときどきこうやって上級生の部屋に呼び出される。ちょっとでも不満の顔を示そうものなら、たちまち、十数人にとり囲まれる。そして殴られる。

霰のごとくみだれくる／敵の弾丸ひきうけて／命を塵と戦いし
三七の勇少年／これぞ会津の落城に／その名聞こえし白虎隊

朝から晩まで隊歌・軍歌演習の連続、ひどいときになると、一日、一曲が五番ほどある歌を三曲ぐらい叩きこまれる。

ひさびさの休日はほっとする。しかし、何もすることはない。隊員の半数ちかくが外出する。だが、外出中は絶対に制服を着用しなければならないから何も楽しいことはない。

「注意事項、外出中は自衛官らしく行動すること、民間人に迷惑のかかるようなことは絶対にするな。服務規則を思い出せ。喫茶店、パチンコ屋、その他いかがわしいところに出入りしてはいけない。ハンケチ、チリ紙等は持っておるか。山田、帰隊時刻は何時だ」

「はい、山田生徒、一九時であります」

「よし、連絡はわかっているな」

映画を見て、ぶらぶらしてデパートへ行って、何もおもしろくない。女の子と歩いている同年齢の青年たちがうらやましい。隊内では文通が流行る。中学の同級生、雑誌で知りあったもの。十数人のペンフレンドを持っているつわものもいる。しかし、何かわびしい。自衛隊員が水商売にあこがれるのは当然といえば当然かもしれない。事実、少年自衛隊除隊者のほとんどが水商売勤めである。

隊内においても、真面目な隊員がバーの女給に貯金をごっそり騙し取られたとか、あるいは巷で防大出のエリート幹部が結婚詐欺に引っかかったということをちらほら聞くが、このようなかではあまりにも当然であるだろう。自衛隊員がこのような存在を強いられていることは自衛隊が、「人をつくる」ということとはあまりにもかけ離れていることを示している。「若者よ、人間をつくるために自衛隊に入ろう」という看板が立てかけてあったが、実際には人間的にも、あるいは社会教育的にも偏った人間がつくられてしまうのである。

ここは埼玉三ケ尻の／鬼の住むような自衛隊
いやな班長に怒られて／涙で暮らす日の長さ

朝から照りつく日の下で／戦闘教練各個教練
　それをさぼれば前支え／俺たちに娑婆は禁物さ
故郷を遠く離れては／面会人とてたまになし
　もらった手紙のうれしさよ／可愛いあの娘の筆の跡

しごかれた後、指導生徒が「スーチャン節」で歌ってくれた歌である。

「敵の拠点を包囲するわが戦線のこの前進は激烈な戦闘消耗となった。あらゆる方法を講じて敵は、わが作戦準備作業を爆撃と砲撃によってひっくり返そうとした。しかし、わが軍は不断の戦闘のなかで、抑えがたい力を発揮して敵拠点に肉薄していった。そして、わが軍の砲兵、機動部隊の砲火がやすみなく敵を乱射した。昼も夜も戦闘は続いた。われわれの砲火はつねに敵陣をおびやかし、同時に浸透的な前進と大規模な攻撃とをおりまぜた戦術で敵の重要拠点を一つ一つ奪いとっていった――」

中隊長砂押一尉は続ける。だが、あちらこちらで居眠りがはじまる。砂押一尉、四〇歳、二等兵の教育期間中に敗戦を迎える。戦後、大学を出てから一般幹部候補生として入隊。精悍そうで見るからに軍人気質、ときどき父親のようなやさしさもみえる。精神教育の時間、ほとんどといっていいほど戦記を読み聞かせる。とくに特攻隊ものが多い。

私は戦記を聞いていると目がしらが熱くなるのだった。自分が特攻隊員だったらどうするか。

たぶん、すすんで、誰よりも真っ先につっこんで行くであろう。そう思ったのである。

精神教育、週に二、三時間ある。ときたま大隊長、隊長も行う。また外部から講師を呼んで行う場合もある。源田実、今東光、田中卓など。

共産主義は暴力革命であり民主主義の破壊だ、共産主義国家には自由はないんだ、といった反共教育から、国を守るということは郷土を守るということである、この美しい郷土を我々はみずから守らねばならぬ、この社会体制であるからこそこんなに繁栄しているんだ、われわれは命を賭してもこの国家を共産主義の侵略から守らねばならぬ、という愛国心教育まで。

思想教育は反共的愛国心教育といったほうがよかろう。重要なのは彼らが自衛隊は自衛隊法により政治的中立といいながら、このような反共教育を行っているということだ。とくに自民党代議士のみを講師に招いてきて、はっきりとした政治教育を行っていることをわれわれは見逃してはなら

熊谷基地は戦前、少年飛行学校の基地。特攻機「桜花」が展示

ない。

また、隊内において、もっとも重要なものとして教育されているのが防衛学である。世界の軍隊の兵力装備からその戦略体系まで概述し、わが国の防衛の状態といったものまで。そして、現代の戦争は電子戦と情報戦であることが強調される。

現在の航空自衛隊は、一〇年前とちがい、単独で基地防衛を行う。すべての要員が地上戦闘訓練を行い、毎年一度、一一月には、航空戦闘と相ともなって、地上戦闘の総合演習が行われる。年度別に四三総演、四四総演と呼称されるのであるが、実戦部隊で、初級指揮官として、地上戦闘の指揮をとる少年自衛官は、徹底した教育が施される。

毎日、午後からは二時間の訓練時間が与えられ、各個教練から戦闘教練にいたるまで指導される。初歩的には、ほふく前進からカービン銃、小銃、自動小銃の使用方法から、敵壊滅の分隊戦闘まで月に一回程度行われる。

「一一月八日未明、熊谷基地北三〇キロの地点に小火器程度で武装した数名の敵ゲリラが降下した情報が入った。わが分隊はこれを偵察し、あるいは捕獲し壊滅する目的をもって作戦行動を行う」

その想定のもとに敵味方に別れ訓練が行われる。

考えてみると、一五歳の少年たちがこのような訓練を受けているのだから恐ろしい気もする。はじめて銃を手にしたとき、私はほんとうにこれで人を殺すのだろうかと不安になったものだ。

このほか、四分の一半期に一、二度行軍が行われ、半年に一度、三日ないし一週間ていどの野営訓練がある。

午前中は、ほとんど毎日、一般高校教育が行われる。浦和通信制高校に全員が属し、卒業と同時に資格が与えられる。毎月一度、通信高校の教師が来隊するが、部内の教官に遠慮してほとんど授業は行わない。生徒隊には文官の教官が二〇名近く籍をおき、高校普通教育を担当する。だが、ほとんど政治色は出さないといってもよい。また数人の制服組の担当教官もおり、これらが教育を管理しているのである。

少年隊員一般の高校教育に対する熱情はうすい。試験も定期的にあるが、かんばしくない。ちょっと優秀な者がいると思うと、退職して一般大学へ行ってしまう。

もともと、少年自衛官が毎年二〇倍以上の難関を維持してきたのは、「高校資格が給料をもらったうえでとれる」という魅力である。

九〇名いた同期生も一年、二年とたつうち、一〇名、一五名と退職（！）していた。卒業するときは、約四〇パーセントがいなかった。彼らは何を考え、なぜ退職していったのだろうか。

ひとつには将来性の問題があった。誰しも「偉く」なりたいという欲求はある。しかし、少年自衛官も一般隊員も将来は見えているのだ。学歴主義と派閥がはびこり、年功序列がそれをせばめる。このことが、任官しても退職を激増させるのだろうか。私の同期生でも任官して二五パーセントがまた除隊した。結局、九〇名入隊して現在三〇数名が在隊しているだけである。「見えている将来よりも、可能性を秘める娑婆へ」、これが彼らの合言葉なのである。しかし、これがまだ除隊の原因ではないかもしれない。不満、矛盾、何か目に見えないものが存在する。何かわからない。

除隊者を見送りにゲートの前まで行く。真新しい「私服」に着替えた退職者が町の方へ消えていく。何かわだかまりが残る。自分が出ていかないのが恥ずかしいような……。

少年隊員たちが、三々五々寄ってくれば、退職の話ばかりである。「早く娑婆に出たいな」『籠の鳥』はたくさんだ。何のために生きてるのだ」といったようなものが。

規律規律規律、命令命令命令。

頭の先から足の先まで規則と命令で動く。

生徒隊１期生は約 90 名で３個区隊の内務班で構成。１個区隊は 30 名

いわれたことに何も反抗せず、まじめにやっていれば、優秀としてまかりとおる。従順でない者は、どうしても生活に耐えていけない。完全に個性が抹殺されるのだ。下着から制服まで一様に統一されるように、頭脳の中までが！

「駆け足、止まれ、回れ右、おり敷け」

月に一度、営内服務点検がある。生徒隊長以下、七、八人がぞろぞろ、巡回してくる。

「生徒隊長の要望事項は」

「はい。一つ、敬礼の厳正。一つ、規律の厳守。一つ、任務の完遂」

「航空幕僚長の名前は」

「はい、空将、渡辺実であります」

単純に暗記を命じられる。

そして、施錠ロッカーの中味から財布の中味まで点検されるが、不満は起こらない。米軍兵士は彼らの私物品を奴らに点検させないという。点検しようとすると反抗が広がるからだ。が、自衛隊員はまるで、無自覚だ。不満があっても、ほとんどいわない。

あるとき、日記が点検されたことがあったが、そんなに不満は表面的に現れない。日本人のもつ「服従と忍耐の尊さ」が、このような結果をもたらすのかもしれない。

上司は貯金をすすめる。通帳とハンコは、班長が預かるようになっており、必要のつど小額だけ引き出しに行く。

「私は神奈川に駐とんする陸上自衛隊員、二三歳です。高校を卒業後入隊した、ごく一般的な隊員である事を書きそえておきます。

先日、六年間の勤務中に三百万円貯めこんだ奴がいました。彼は除隊するにあたって、ベッドの上にそれを並べ、われわれを驚かしました。

衣食住を完全に保障されているとはいえ、われわれの給料は手取りで二、三万円ぐらいなものです。三百万円貯めることは、それは大変な事だったそうです。

彼はもちろん酒は一切飲まず、タバコも同僚からもらう他、給料日にハイライトを一箱買うだけでガマンしたそうです。彼はガールフレンドもいなかったし、同僚と喫茶店等に入っても決して金を払うことはなく、そんな事がもとで、同僚とのイザコザが絶えませんでした。

勤務は極めて忠実で、上官からのうけは良かったようです。出身は東北で農家の四男坊だそうです。高校も卒業して、先日除隊するまでの六年間はただ、金を貯める六年間だったようです。

われわれは金を貯めることしか能のないその同僚を軽べつし、バトウしました。

しかし、考えてみればわれわれのこの状況の中で、ただ金を貯める事しか能のない同僚をどうして責めることができるでしょうか。私はその疑問にまだ答えることができません」

これは『整列ヤスメ』に投稿してきたある隊員のものである。

こうした生活環境は彼らを、心の底まで空虚にさせる。いや、自衛隊員ばかりではないであろう。この社会に生活するすべての人びとが毎日そのような状態ではないだろうか。

入隊して三年目、私も上級生になった。四年生は実習に行っているから、三年生が最上級生である。今までの上級生から毎日監視されているようなオドオドした生活とちがい、この時期だけがどうにか少しばかり解放される。

外出しても、非公然の下宿を借り、私服で町を歩く。酒を覚え、煙草を覚える。「不良グループ」と「真面目グループ」に別れる。私はこのときは、不良グループの方に属していた。

三年生のなかばごろから技術教育がはじまる。管制員と整備員に別れる。適性検査があるのだが、ほとんど関係なしに〝命令〟によって配置される。

私は整備員グループだった。熊谷での基礎教育が終了すると、浜松の第二術科学校に送られた。ここで各担当の職種に別れて専門教育が開始される。警戒管制レーダー、ミサイル・モニター、ナイキ電子、ナサール・レーダー、バッジなど。

隊内においては下級生をシゴくほうにまわる。一等空士の階級章をつけ、一般隊員とのイザコザがたえなくなる。

熊谷基地は、新隊員――一般隊員――の教育隊と併置されている。少年自衛官たちはエリート意識をもち、彼らを軽蔑する。一般隊員のほうでは〝小僧めが〟といって軽蔑する。ほとんど毎日のように食堂、売店といったところで双方いがみあう。ささいなことで。しかし、少年自衛官達は団結の強みで、たいてい勝つ。

技術教育といってもたいしたことはない。

現在、自衛隊の兵器はほとんどが民間会社で整備する。とくにジェット機、レーダー、電子計算機等はそうである。三菱、東芝、富士通、日本アビオトロニクスなどが年一度ぐらい、会社の技術者を自衛隊に送り、定期整備を行うのである。われわれは彼らに故障部品を送り、それを交換するのが仕事といってもいいだろう。

第二術科学校での専門教育が終わると各隊員とも、実習のため、全国の部隊に配属される。私は青森県下北半島の大湊レーダー基地へ行った。いままでは、一般隊員とは、ほとんど日常的に接触したことはなかったが、このときが、彼らとともに生活し、仕事をする機会であった。

大湊レーダー基地は、八七九メートル、臥伏山《かまふせやま》の頂上に位置し、北部警戒管制団のコントロール・センターとなっている。

ときどき、ソ連偵察機が南下してくるため、〝緊張〟した毎日が続く。レーダー基地は、全国二四カ所配置され、そのほとんどが一年中二四時間〝臨戦態勢〟には入っているのである。

電子機器はほとんど、山頂の地下に備えつけられ、薄暗いなかで仕事を行う。〝東京急行〟(ソ連機)が南下したときは、一瞬、戦争がはじまったかのようにあわただしくなり、近くの千歳航空基地からF―一〇四J戦闘機が緊急発進するのである。

しかし、ほとんど、何事もなく帰隊してくる。彼らが「必要以上」に何かを恐れているからスクランブルを行うだけである。また「恐れ」を強調することによって隊員の士気をつなぎとめておきたいのだろう。ソ連機は十数マイル彼方を飛行しているにすぎないのに。

レーダー基地での実習は、二四時間三交代で行うことになっている。日勤日勤、前夜勤前夜勤、後夜勤後夜勤、休み休みと続く。

当初のころは、夜勤に慣れづらく、毎日青い顔をしていたものだった。だが、夜勤手当は支給されない。自衛隊員は二四時間勤務態勢を原則としているからだ。したがって残業手当も支給されない。たまに残業が続くと、加給食といって、カンパンか缶詰が支給されるだけである。

自衛隊員は労働者ではないのか？　いや、明らかに労働者である。ただ、〝奉仕の精神〟という毒素を彼らに押しこまれているにすぎないのだ。

われわれは実習を終え、残りの三カ月を、また、熊谷へ舞い戻ってきた。空曹候補生課程へ入校するために。少年自衛官総仕上げの最後の三カ月が始まる。入隊のとき、子どもっぽく見えた少年たちが、いまでは精悍な、見るからに頼もしそうな青年に変わってきたことが一目でわかる。

真冬の熊谷は寒い。赤城おろしがビュービュー吹きつけるなかで、六時のうす暗いうちに飛びおき、上半身裸体のまま、駆け足する。そして、三〇分間の朝の寒稽古、銃剣道を行う。

全員が初段以上を獲得するという目標で行われるこの銃剣道は、航空自衛隊の必修課日である。

主として近距離での戦闘、ゲリラ戦用に訓練する。

「前へ、前へ、直突一本、突け。イヤアー」。喊声が早朝のうす暗いなかにこだまする。

午前中は、初級指揮官としての管理教育が行われる。

「やって見せる。やらせてみる。補助してやる。反復させる」

「これが現場指揮官の原則だ」

教育は続く。

「君たち、第一線の指揮官はまず何よりも、第一に部下に人間的信頼を得なければならない。第二に、なにごとも率先垂範しなければならない。第三にすべてにプロフェッショナルでなければならない」

そして午後から、また戦闘訓練教育が続く。

「分隊長としての任務、第一、部下の心身を掌握すること。第二、決断は、迅速に勇断もって行うこと。第三、個々の部下に任務を的確に与えること」

少年自衛官教育総仕上げの総合野営訓練は、一週間の予定で陸自第一二師団の相馬ヶ原演習場で行われた。

三月の相馬ヶ原はまだ寒い。榛名山から吹きすさぶ風が野営地にまともに吹き抜ける。テントのなかの生活は寒さに耐えがたい。毎晩、一時間交替で二名ずつ、歩哨に立つ。

「止まれ、だれか、だれか」

年に数回の野外演習。行軍は長瀞・東松山の周辺まで行われ野営する

合言葉、「赤城」、「榛名」

「第一中隊第一小隊、立哨中、異状なし」

控え銃にて動哨する。物音一つしない野営地は不気味だ。遠くに町明りがちらほら見える。一家団欒の光景が目に浮かぶ。何かわれわれとは異次元の生活をしているように思える。「なぜわれわれはこんなことをしているのか」。ふと疑問が脳裏をかすめるのである。

「突撃！」

訓練は続いた。三日目ごろから、身心ともに疲れ果ててくる。それにしても、この演習場は広い。山の麓から麓まで攻防戦を繰り返す。これが最後の訓練だ、我慢しよう。みなそう考えていた。

四日目ごろ、大宮化学隊のナパーム弾演習を見学した。スイッチを入れる、ゴオーというものすごい音とともに百数十メール四方が一面、火の海になる。

「すごい」少年隊員の見学者の中から喚声があがる。

一瞬にして黒焦げになりそうだ。人間はなぜ、こんな恐ろしい物を造るのだろう。平和のために？　国を守るために？

Ⅲ　最優秀隊員から造反隊員へ

1　虚無感・反抗・共産主義

生真面目、厳格——そういう性格が私を支配していた。「お前の気質は軍隊向きだよ」。母はいった。たしかに自分自身でもそう思った。「自衛隊こそおれの人生だ」と。

豊臣秀吉、松下幸之助は私の鑑だった。貧乏人でも努力次第で偉くなれるんだ、おれだってできないことはない。いまに見ていろ、みんなを見かえしてやる。

育った環境と気質は、私を〝軍人〟に養成するのに十分であった。それにもまして、少年自衛隊の生活がそのことをいっそう、強めていった。

少年自衛隊は旧軍の予科練、幼年学校にくらべられ、自衛隊のなかでも旧軍の気風が残っている唯一のところであった。隊内規律、先輩、後輩の差別、教育など。

隊内のもっとも大きい精神的支柱は〝負けじ魂〟である。ちょうど予科練がそうであったように、かつては〝棒倒し〟と称する競技会があった。二手に別れてどちらが早く棒を倒すか、競い合うのであるが、この競技や、あるいはいろいろな小隊対抗競技で〝負けじ魂〟がたたきこまれるのであった。しかし、事故が多いということで私たちの時には中止になっていた。

少年たちは従順である。どんな非人間的仕打ちにも、どんな非人道的扱いにも耐えていた。いや、耐えていたというよりも、耐える以外の何物をも持ちあわせていなかったのである。

「鉄は熱いうちに打て」とばかりに徹底して行われる教育が、そうした少年たちをつくっていったのかもしれない。

「武人らしくあれ」ということが強調される。戦国の武将、明治維新以後の軍人たちが鑑とされる。

このような教育は、少年自衛官すべてを右翼的にしていった。そのなかでも私と数人の同期生は、とくに右翼的条件を備えていた。雑談のなかでもよく政治談義がはいってきた。

「全学連なんかブッ殺せばいいんだ。警察はなまぬるいよ」

「だいたい私腹を肥やす連中が政治を握っているから、いつまでもよくならないんだ。おれたち軍人が政治をとれば、もっとましな世の中になるよ」

「憲法違反だから自衛隊がどうのこうのということはないだろう。憲法という紙一枚だけが残って国が滅んだらどうなるんだ」

もともと、生真面目と厳格さが備わっている私は、将来の目標へ突進しようとするとき、おのずから、なにごとをも徹底して行っていった。

その忠実さと努力は、上官の厚い信頼を得ることができた。〝真面目〟〝努力家〟――それが私につけられたレッテルだった。

また私の〝軍人〟としての気性は隊内教育においてもとくに、軍事訓練の面に精力を汗がせた。徒手教練、戦闘教練のときなど、常に私は同僚の模範にされ、先頭に立って行動するよう命ぜられたのである。

自衛隊は毎年一一月、創立記念日の中央パレードを行うのであるが、私は入隊の初年度からその代表として送られたりしたのである。「忠実と厳格」このことを私は、精神的支柱にしていた。

だが、忠実で従順であった少年自衛官たちほとんどが、一年、二年と経過するうちに、人間的欲求を求めて、自我に目ざめ、反抗的になるのと同様に、私のそれも、急激にやってきた。

自衛隊の〝ダラ幹〟――それが、私と衝突した最初の相手だった。

旧軍出身者と相まじって、一般大学卒の幹部が生徒隊にも若干存在する。ちょうど二年生の後半、私の中隊長はこの一般大学卒の幹部であった。私はこの中隊長の日和見的な教育訓練が腹立たしかった。

戦闘訓練の時間であった。いまはもう思い出せないくらいの些細なことであったが、その中隊長と私は激しい口論を行った。同期生は訓練を終わって訓練場の周りには誰もいなかった。一生を自衛隊に捧げようと決心していた私にとって、その中隊長への批判は当然であったのである。

彼は自分の主張を曲げなかった。部下である私からの批判に対して、彼の自尊心が許さなかったのであろう。私はなぜか、彼に対しているとき、くやし涙が出てきた。

そのこと以来、私自身は少しずつ変わっていった。自尊心の強かった私は相談すべき信頼できる上官も同僚もいなかった。いや、もともと、自分自身の行動を他人に相談するなど、私の内において恥ずべきことと考えていたのである。

真面目にやることが、いままでの自分自身の忠実な隊内生活が空虚に思えてきた。しかし、このことは私自身をまだ決定的な存在としなかった。まだ私の心の内にも、外的にも〝優等生〟としての存在があったのである。だが、虚無感が浸透していくにつれて、それ以後の私の隊内生活はだんだんと大きなヒビが割れはじめた。

　三年生の優等生のなかから数人が下級生の指導生徒として指導するのが生徒隊の規則となっている。光栄なことに、このとき、私はまだこの指導生徒としての任を命ぜられたのである。

　しかし、このことが逆に反抗を決定的なものとした。

　三年生の初めに技術選択のための航空適性検査がある。学科試験、体力、身体の試験もともに、学科試験のとき、次第に、私の身体全体をおおってきた虚無感が、その答案用紙に白紙の解答として表れたのだった。

　三年生のときの中隊長は旧軍出身のバリバリの一

熊谷基地の正門近くの広場にて（生徒隊３年生頃）

尉だった。私のそのような態度に対して彼は怒った。だが、彼の説教は私には、ただ、空虚な感じとしてしか残らなかった。「これでおれの自衛隊員の生命も終りだな」、そんな気持が支配していた。

当然に〝優等生〟としての存在である指導生徒の地位も解任された。

どうでもいい、自衛隊なんかくそくらえ、それがその後の生活だった。同期生の大多数がそうであったように、このような内面的な日常生活からの「反自衛隊」感情は、当然に彼らを除隊へ導いていく。私もまったくそうであった。何度か退職の決心をした。だが、両親のことを考えたり、それ以後の不安な生活を考えると、なかなか思いきりがつかなかった。私の勇気のなさが決断に至らせなかったのだ。きっぱりと去っていった彼らとは反対に。

毎日、だらだらと過ごしていた。

燃えるような使命感も忠誠心も、どこかへ消えうせていた。入隊当初のあの気概も、いまはもうない。目がしらが熱くなるような以前のあの大隊長の精神教育も、まったく馬鹿ばかしいだけである。

精神的基盤がなくなったと同時に、私生活も乱れていった。〝不良グループ〟と軽蔑し罵倒していた自分が、その仲間に加わっていった。酒を覚え、煙草を覚え、夜の町を「私服」でブラついた。以前の私から想像もできないほどの変わりようだった。

だが、このような私の〝堕落〟は、他の面から自衛隊を、そして社会をとらえ直させた。そここには「真面目一本ヤリ」のころとぜんぜんちがった世界があった。そこから自衛隊を眺めると、そのなかは矛盾ばかりであった。それは思想的なものではなかったが、はっきりと、自衛隊の存在そのものの矛盾であることを捉えきることができたのである。

自衛隊とは、隔絶した社会である。いや、隔絶したというよりも、隔絶しておかなければいけないのである。純粋培養する必要があるのである。隊員は、一般社会を〝娑婆《しゃば》〟と呼ぶ。隊員以外を〝民間人〟と呼ぶ。またみずからをも〝籠の鳥〟だという。

軍隊そのものが「労働者人民」で構成されているのに、彼らが労働者人民と交流することは、その崩壊をまねくことになる。彼らの上官は常に命令する。

「集会、デモ等には絶対ちかよるな。一般学生と接触するな」

したがって、彼らは、なるべく外部と接触がないようにしておかれる。自衛隊の矛盾を、隊内の偏向教育を知られまいとして。

四二年の四月、私は大湊レーダー基地に勤務した。そこはソ連偵察機が、毎週のように飛来し、緊張の連続であった。

現代の戦争は電子戦、情報戦だといわれる。平時からの情報収集、とくに〝空の守り〟を一手にひきうけるレーダー基地の任務は重要だとされる。レーダー基地の機能麻痺は「目のない戦士」のようなものであり、戦えないとされるのである。

だが、私の虚無感はその〝緊張〟と裏腹に、緊張に対する反発となって表れてきた。「〝敵〟の侵略を防ぐ二四時間臨戦態勢」が、その「侵略、臨戦態勢」への反発となって表れてきたのだ。

そのころから私は上官と議論ばかりしていた。平和について、自衛隊について。しかし、私は彼らの「共産主義の侵略から日本を守る」という基本的命題を論破することはできなかった。が、彼らの存在そのもの、自衛隊の存在そのものに対する反発は、「共産主義とは何か」という素朴な疑問となってやってきたのである。

四三年三月、任官し佐渡へ配属された。不思議なことにそのことで、いままでの虚無主義が突然消えていった。前月の少年自衛隊卒業のときは、優等賞として第四術科学校長賞を受賞したのであった。私が隊内で真面目であればあるほど、その存在と私自身が自己矛盾することは承知していたのである。だが、私の何かが、その矛盾と裏腹に私自身をそうさせたのである。

佐渡へ三等空曹として任官した私は、一カ月もたたないうちに新隊員の内務班長に任命された。二〇名の部下は一九歳の私にとってかなりの重荷であった。ほとんどが同年齢か、年上の部下であった。

内務班長の職責は、部下の身上掌握、交友関係の掌握、隊内外での社会人としてのしつけが中心とされる。班長はほとんど独身の営内居住空曹が中心になり、古手の空士長が副班長につく。

また、私の勤務態度は部下からも同僚からも上官からも厚い信頼を受けていた。そのころ私は、銃剣道三段の資格をとっていたのであるが、基本訓練においても常に教官として任ぜられた。またサークル活動においても、基地内空手部の主将として、隊員を指導し、十分な信頼を得ていたのである。

私にとってこのようなことは、〝若い空曹〟としてのエリート意識は十分満足させられた。

何か燃えるような「使命感」が私の体内を被っていった。しかしそれも長続きしなかった。

それは、あの大湊レーダー基地にいたころに疑問にぶつかって以後、しばらくたってからのことであった。

当初は、例の「共産主義とは何か」という疑問を解決するために、というよりも、自衛隊の存在について上官に反論することがきっかけだった。

東北の片すみの小さな田舎町である、大湊にただ一軒しかない書店を訪ねたのは、「疑問」にぶつかって以後、しばらくしてからである。私はそこで書店の片すみの埃っぽい『資本論』を見つけた。何か、奇異な感じがしたのをいまもはっきり覚えている。このぶ厚い本は、私にとって難解であった。何度読み返しても、何を書いてあるのか全体的把握ができないのである。しかし、この難解さは、次から次へと疑問をひきおこし、新しい書物へと私を導いていった。

当初私は、この私の行っていることと、自衛隊の存在自体が矛盾していることをはっきりと意識しているわけではなかった。また私が隊内で『唯物弁証法』『レーニン伝』などを読んでいても、それに干渉するものはいなかった。

当時、学生運動が熾烈に展開されているなかでこうした書物を読んでいくうちに、私の思想は急激に変化していった。いままで、政治にほとんど無関心としかいえなかった私が、真剣に新聞を読み、政治論文をあさりはじめた。そして、それらしい書物の広告が載っていると、すぐ注文して購入するのであった。

それとともに、私が共産主義思想にめざめたころの大きな疑問が〝社会主義国ソ連邦〟の存在であった。あれがほんとうに社会主義の国だろうか、とたえず考えさせられた。それというのも私に対立する隊員は、かならず「反共」の論拠としてソ連の矛盾をもちだし、それを私は論理的に突破できなかったからであった。

それがゆえに、私は、当初から『資本論』『弁証法とは何か』『経哲手稿』『共産党宣言』といった共産主義思想の原点から問い返していったのだった。そしてそれ以後もやはり、共産主義への懐疑は取り除かれることなく、「マルクス主義哲学」が私の研究の中心であった。しかし、孤独に研究を続けるなかで、次第にはっきりと「新しい社会主義」

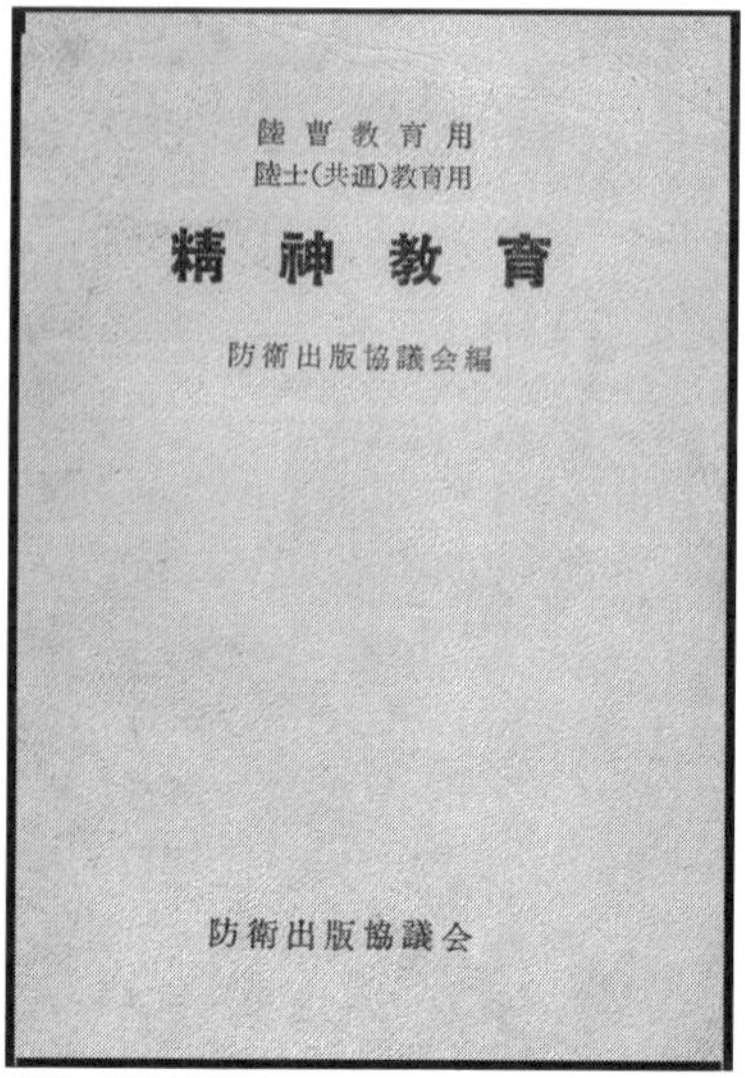

教範『精神教育』(国会でも議論された)

へのイメージは作られていったのである。

私が拘置所から保釈されて以後のことであるが、私の裁判に日本共産党系の弁護士が弁護団員として加わった。しかし、裁判闘争についても、あるいは思想上の問題にしても、私ははっきりとこの人たちと対立していった。その原因は、はじめからあったのだ。

『毛沢東語録』を私が購入したのはちょうどこのころである。べつだん毛沢東を尊敬しているからという意味で購入したわけではなかった。ソ連という「社会主義国」の否定が、未知の強大な国、中国へのある種の期待となってきたのだった。

だが、私がこの『語録』から得たものは、それとはぜんぜん別個のものであった。「人民の軍隊」という概念が私に響いてきたのであった。それは私のいまある存在をはっきりと示していた。また、自衛隊の存在そのものの矛盾をも的確にとらえていたのである。私の軍隊観はそれ以後、ずっとこの中国人民軍が基礎となっていた。それはまた、軍隊と革命の問題をも直接に私に提起したのだった。

大分遅くなってからのことであるが、私は『脱走兵の思想』と名づけられた小田実編集の本を読んだことがある。そこに登場する脱走米兵はしかし、「共産主義者」として位置づけられることを拒否し、自分たちは「人道主義者」であることを強調していた。だが私は、彼らの「人道主義者」としての〝脱走〟の道を、エゴイズム以外の何物でもないと思った。彼らは、みずからが人を殺すことを拒否しても、他人が人を殺すことは許していることになるのだ！

やがて私は共産主義者たらんとする私こそが、真の「人道主義者」であるという自信をもつようになった。この主張はやがて、隊内における〝叛乱〟として現れてくる。

2　学生運動との出あい

いろいろな人びとが、いろいろな過程を経て反戦、反体制思想をもつように、私のそれも、それなりの道程をへて形成されていった。上官に対する反発が共産主義思想を学ぶきっかけとなったのは、その状況はちがっても自衛隊外の青年とかなり類似したものであることはまちがいないであろう。

私の思想形成過程のなかで、つい最近まで、こびりついていたのが創価学会日蓮宗であったのも、現代社会における状況がそうさせたのかもしれない。それは、あの自衛隊のなかにおける非人間的生活が私を虚無主義へ追いやり、それから脱皮しようとした一過程であった。もちろん、それからの脱出がたんに宗教へ追いやったのではなく、私の兄が創価学会員であるということがそれに向かわせていったにすぎない。しかし、この宗教の幻想性は、私がみずからの存在である自衛隊そのものを問うていくことにより崩壊した。

それはちょうど私が共産主義思想に触れ、自衛隊の矛盾をぼんやりと気づきはじめたころであったが、自衛隊の存在のもつ意味が重くのしかかってきたのである。

それは治安出動の問題であった。

現在の自衛隊のなかには、多くの創価学会員が存在する。彼らはみずからが自衛隊にいることに何の疑問も持っていない。だが、公明党が創価学会を母体にし、〝改革〟を唱え、真の宗教たらんとするならば、当然に「戦争と自衛隊」、「治安出動と自衛隊」という問題を明確にしなければいけないだろう。

私は、当時、真剣に創価学会を信仰していたので、そして、創価学会が〝革新〟であることを信じきっていたので、兄にみずから治安出動の場合、どのように対処したらいいのか問うたのである。しかし私の兄は、その問いに答えることができず、ある学会幹部のところへ行き、指示を受けてきた。だが、その答えは不可解きわまるものであった。「治安出動の相手方が同じ創価学会員であっても、職務を忠実にまっとうすべきだ」というのだ。

この一言が、創価学会が幻想以外の何物でもないことを私に知らせた。創価学会というのは政治的俗物以外の何物でもなかったのだ。

私の属していた佐渡基地でも四、五人の創価学会員がいた。

私は彼らに問うた。

「きみたちは治安出動命令が下されたら従うのか」と。

それに対して、彼らは、はっきりと治安出動命令の拒否を断言したのである。しかし、これも信じがたい。なぜなら、この宗教団体が上層部の命令一つで、どのようにも政治的に動くからである。彼らが治安出動訓練を行っていること自体が、その欺瞞以外の何物でもないではないか。

共産主義思想にふれたとき、私自身のなかに憤りが湧きあがってきた。それは十数年間、私自身が、いや、私の家族が、きょうだいが、支配者に騙され、利用され続けたという憤りであったのである。いままでの価値観が、音をたてて崩れていくのを私は聞いた。だが、はじめは自衛隊を否定する方向へ進まなかった。「改革」、自衛隊を改革しようと私は決心したのであった。人民のために。

解体ではなく、改革というこの方向性は強烈に私をとらえたのである。その結果、すべての任務を誰よりも率先垂範して行う決心となって表れたのだった。少年自衛隊入隊のころのたんなる〝真面目さ〟ではなく、私の行動には積極性が備わってきたのである。

虚無感をふっきり、「改革」に燃えた私は当然のように、ふたたび「大将」や「元帥」になることを望んだ。

法政大学の通信教育を受講したのは、少年自衛隊を卒業し、佐渡へ配属されて、まもなくのことである。大学を卒業することによって、幹部になり、上層部へ進出することを考えたからである。このころの私は、正直いって、「自衛隊改革」というイメージはあっても、「革命の軍隊を」というものはもちあわせてはいなかった。だからこそ、上層部進出という貧弱な願望となって表れてきたのだ。

「改革」への理想は私自身を鼓舞した。法律を専攻していた私は、徹底した勉学を続けたのであった。勤務を終えた後の勉学は、つらい。しかし、上層部進出という理想がそれを支えた。同僚は私を「勉強キチガイ《（ママ）》」などとうわさするようになった。事実、酒と遊びに明けくれている同僚とちがって、私は、わき目もふらず法律の本を読み続けた。

通信教育での勉学は楽ではない。給料のほとんどを学費、参考書費にとられるし、何よりもたいへんなのは年一回のスクーリングである。年間八単位をスクーリング必修課目としているから、単位修得のために四〇日間も授業に出席しなければならない。それは非常に苦痛である。しかし、一般労働者とちがい、自衛隊員は、スクーリングへの優先休暇を保障されているし、また、自衛隊当局が積極的に勉学を勧めていることで、かなり有利ではあった。

昭和四四年四月現在、全国の自衛隊勤労学生は、約一万二〇〇〇名を数え、二部学生二八〇〇名、通信教育生二六〇〇名、それに定時制、通信制の高校生もいる。

自衛隊に勤労学生が多い原因は、自衛隊に入隊する者が貧しい階級の出身者であることを示している。またそれを利用して、自衛隊当局が「優先通学」を募集の柱にしているからにほかならない。彼らのほとんどは通信教育か、夜間でもいいから高卒、大卒の資格がとりたい、そしてそれを利用して、少しでも社会へでてから優遇されたいという欲求でいっぱいである。とくに大学の場合は、幹部候補生への受験資格を得たいと思っているものがほとんどである。

私が法政大学法学部の通信教育を受けることにしたのも、一般隊員の社会的地位欲求とそれほど変わりはしなかった。ただそれに、「自衛隊改革」の理想という自己満足をつけ加えたのにすぎなかったのだ。

入学した年のスクーリングでの討論会で、「日本の防衛」というテーマが出されたことがある。スクーリング生である一自衛官から提出されたものであるが、このテーマがクラス内を分裂させたことがあった。少数の反自衛隊論者と肯定論者に。

反自衛隊論者のほとんどは、「現在の自衛隊は一部の資本家のためのものにしかすぎない、だから自衛隊はなくすべきだし、自衛隊員は退職すべきだ」という意見。

それに対して、肯定論者はほとんどが自衛隊員で、「国を守るということは国家である以上当然である。だから自衛隊は必要だ」というものだった。

私は、肯定論者であった。しかし、それは「人民の自衛隊」に改革さえしたら、という条件をつけた肯定論であった。

私は自衛隊の改革ができるものと信じていたし、それがために自分は勉強しているのだという気概があった。その私の意見に対して反自衛隊論者は反論しなかった。いやできなかったというべきかもしれない。

四四年三月、都立大学を中心にして、全国的に突如として自衛官の大学入学拒否事件が発生した。同大学では三人の自衛官が受験を拒否された。

学生側は、「①自衛隊員が大学へ入学することは、大学が軍事に利用される危険性があり、軍学複合体制へつながる。②自衛隊は憲法違反であり、憲法違反の存在としての自衛隊員は大学へ入学する権利はない」と主張した。

それに対し、防衛庁、文部省当局は、教育の機会均等は憲法で万人に保障されるものであるから、当然自衛隊員にもその権利はある、と反論したのである。

私は、この双方の主張を聞いて奇妙な感じをもった。ひとつは、私のような自衛隊員が大学通教生のなかにいるのに、という大学および学生への反発と、憲法に保障された教育の機会均等という条文をたてに反論してくる当局への反発だった。教育の機会均等ならばなぜおれたちが、苦労して通信教育で学ばなければいけないのだ！　なぜ昼間の大学へ行けないのだ！

「自衛隊の改革」という幻想は、もろくも崩れていった。自衛官大学入学拒否事件が、私に提示したのは、「改革への幻想」だけでなく、改革のために私が大学の〝卒業資格〟をとり、幹部へ進出するという幻想そのものをもこわしていったのである。それは、大学のもつ、〝資格〟としての幻想の破壊であった。

「改革の理想」という自己満足的付加物は、大卒――幹部――支配者としての、欺瞞以外のなにものでもないことだったのだ。通信教育自体が階級社会の差別構造形成以外のなにものでもないではないか。中級労働者としての――。

こうした自己否定は、一時、私を自衛隊の除隊、大学の退学へと結論づけた。だが、自衛隊を除隊したところで何になろう。民間会社へ行ったところで、そこも同じように資本の論理が貫かれているに相違ない。この体制に生きているかぎりにおいて、われわれが逃亡することは敗北以外ではありえないのだ。一切のプチ・ブル性の否定、それこそ原点での闘いにほかならない。

私の闘いは、明確に〝自衛隊解体〟へとつき進んだ。〝改革〟という方針が、体制に組みこまれ吸収されていくように、それはいっさいの非妥協の闘いであらねばならなかった。全共闘の闘いが、大学解体というスローガンをうちだしたように。

筆者が通った法政大などには、ノンセクトの「通信教育共闘会議」(通教闘)があり、彼らは筆者の逮捕・起訴後、最初に駆けつけ、支援組織を作った

私は大学闘争の論理を学んだわけではなかった。ただ学んだといえば、数年の私の〝白衛隊改革〟の論理が、大学闘争、とくに東大闘争を私自身が目撃したことによって、破産し、明確に私が自己否定を迫られたことである。それにもまして、私が原点での闘いの構築をせまられたのは、あの六七年の一〇・八羽田闘争以来の革命的左翼の熾烈な闘いであった。

当時の私の手帳に次のような、東大闘争で逮捕された一女子学生の言葉が記されている。

「私が憎悪を、ある種の人や物に対して懐くようになったのはいつからなのか、何がそうさせるのか。本来憎むことには程遠い〝温和〟を愛している私が、何故一方で〝温和〟そのものを憎んでしまうのか。そのくせ私が自己を表現しようとすると、いつも誰よりも〝温和〟な形をとっている。私をこんな衝動に駆りたてるのは何か、何がそうさせるのか」

この女子学生の言葉を私が記していたのは、まったくそれが私を、私自身を表現していたからであった。それは、私自身の小さいころからの反発が、何か目に見えないものに対する反抗を示していたからであった。中学生のころの私は、それがなんであるか捉えることはできなかった。そしてまた、上官との対立が生じたときもまた、それを捉えきれなかった。

おそらく、学生と私とでは、育った環境がちがうように、その闘いはちがっている。しかし、そのある種の人や物に対する〝憎悪〟が少なからずとも異次元のものではなかった。

少年時代の私は、この憎悪が、直接両親に向かっていった。そしてまた教師を対象にしてせまっていった。だが、一つの圧迫された環境のなかで非人間的生活を強いられているとき、それは当然にも、権力そのものへ向けられていった。

〝そのもの〟を打倒することが、憎悪そのものの解決への道であったのである。「自衛隊改革」の幻想は、私に具体的な行動を提起しなかった。あったとしてもそれは、上官に受け入れられる程度の「積極的意見」でしかありえなかったし、自衛隊の戦力強化に組み入れられる必然をもっていた。自衛隊の存在そのものの矛盾を提起しはしなかったのである。共産主義者としての私の自己矛盾は、自衛隊の存在矛盾にぶつかり得なかったのである。

だが、「自衛隊解体、革命の軍隊へ」と明確に自分自身に提示したとき、それはみずからの立場での行動提起へとつながっていった。幹部としての存在も必要なかった。

当初は隊内外の抵抗行動を中心にやったが、それは必然的に自衛隊の矛盾へと激しくぶつかっていった。


四四年六月、次のような航空幕僚監部からの通達があった。

「昨年度、小松基地等を中心に航空事故が相次ぎ、多大な保険料が航空自衛隊員に支払われている。このため、陸上自衛隊等より、配当金が少なくなったと不満がでているので、全隊員は東邦、協栄生命へ、空士四口以上、空曹八口以上、幹部一〇口以上加入せよ」（一口一〇〇円）。

この命令は全隊員に徹底された。だがしかし、私はこの命令を拒否し、隊員に同じく拒否するよう、呼びかけたのである。私は通信電子隊長に、次のような要求を掲げて拒否することを宣言したのであった。

①陸上自衛隊等より配当金が少ないと、不満がでているといっているが、本質は高級幹部が、保険会社と結託し、資本の〝甘い汁〟をすおうとしている産軍複合体制の表れである。②生命保険などの個人的問題を「命令」という形で強制する権限は、空幕長といえどもあり得ない。③われわれが航空事故等に関し、自分の生命保険に頼らなければいけないような状態は、現在の国家が、われわれの生命を軽視し、十分な保障をしようとしないからである。……

これに対して通電隊長は、「きみのいうことはまったく正当であり、われわれはそれに対して『命令』する権限はない。よって〝きみ〟は加入しなくてもよい」と返答したのである。

また、彼らは、これ以上問題を大きくしないように私に懇願してきた。夏期のスクーリング休暇を与えないという脅迫をもって。

残念ながら私は、この問題を徹底した闘いにまで発展させることはできなかった。「もっと大きな闘いを構築するためには」と。

しかし、私のこの保険問題に対する闘いは、多くの支持者があったのである。だが彼らは、弾圧のきびしさのために、その命令を拒否するまでにはいたらなかった。しかし、この問題を通して私は、私の叛軍闘争への新たな支持者を得たことは有益であった。

私のこの命令拒否に対し、当局は処罰することはできなかった。そのため、数人の幹部を説得のためよこしたのである。私は彼らと激しい議論を展開した。そして私は、〝共産主義者〟として堂々と闘うことを、このとき、宣言したのであった。

これ以後の闘いは、多様な形態をとった。たとえば「外泊制限」の問題もその一例である。現在の自衛隊は、原則として空士隊員の外泊は禁止しているが、佐渡のような僻地は、とくに交通の便が悪く、町からかなりの距離があるので、ある程度許可しているのである。だが、隊員は休日はほとんど町へ出るので、この制限はかなりの不満となっていた。この制限を撤廃するため、私は通信電子隊の先任空曹（外出外泊の許可者）に全隊員の前で回答を要求したのである。この撤廃の要求に対して、彼は、〝規則〟をもって対処したが、しかし、彼は全隊員からつるし上げられるという事態を招いた。

このような闘いは、まさに自衛隊員が人間としての要求を掲げたという意味で重要であるし、また、隊員みずからが規則の制定権をもつことの前段階的なものであるだろう。

四四年八月、私は夏期スクーリングのため上京した。ちょうどそれは、大学治安立法が参議院で強行採決された一週間後であった。八月一〇日、法政大学通信教育生は、学生大会を開き、大学治安立法反対の〝請願デモ〟を翌日の一一日に行うことを決定した。学生大会で、〝請願デモ〟になったのは、いわれがあった。それは、通信教育生のなかに、多くの警察官と自衛官が存在していたから、〝抗議デモ〟による逮捕者を出さないようにという主催者側の配慮からである。事実、そのなかには、少なからず自衛官と警察官が存在していた。

一七日には、「平和を守る会」主催の基地めぐりが催された。私はこの当時、日共、反日共という関係、あるいは、新左翼諸党派の関係や運動方針が十分につかめていなかったので、すべての集会、デモに参加した。

「平和を守る会」主催の基地めぐりは、朝霞、横田、立川基地等を中心に行われたが、おもしろいことには、この参加者のなかに機動隊員と自衛隊員が若干いたのである。私はこのときに、私自身も自衛隊のなかで闘っていることをアピールした。

八月の法政大学は、全共闘のバリケード封鎖が続けられていた。私と十数人の通教生は、バリケード内の大学の一室を借り、大学闘争、自衛隊闘争について激しい討論を行った。

私がこの通教生たちと知りあったのは、ある集会の討論会の時間であった。当初彼らは、自衛隊のなかで闘いを続けている隊員がいることにひじょうに驚いたようであった。私は自衛隊への闘いの必要性を説いたが、まだ、彼らのなかに「叛軍闘争」の重要性はあまり、意識されていなかったようである。

この年の八月一五日、べ平連などの主催で九段会館で国民大集会が行われた。私はこのときも、参加していた。集会のなかで、自衛隊へのビラマキをやっているという発言が、このときはじめて出てきた。しかし、それはあまりにも弱々しい活動であり運動方針であった。また、恵庭裁判の野崎氏から、憲法第九条を守る闘いが自衛隊廃止の闘いであるという発言を聞いたとき、私は、真の自衛隊解体の闘争とは何か、ということを訴えたい衝動に駆られたのであった。

私は、私の闘争こそ、真の闘いであることに大きな自信をもっていた。だが、隊内における、さらに大きな闘いを構築していくためには、湧きあがる衝動をおさえる必要があったのであった。私のスクーリング生活は、まさに闘争の生活であった。いや、闘争を行うためにわざわざ上京したといってもよいだろう。

いま、自衛隊のなかにも激しい亀裂が巻きおこりつつあることはたしかである。市民社会と同様に。この亀裂は七〇年代に大きく広がっていくであろう。

Ⅳ 「小西裁判」の本質と叛軍闘争

1　裁判における権力のねらい

時代の流れのどのような地点に、「小西裁判」と呼ばれる私の「事件」は位置づけられるのだろうか。

自衛隊関係の裁判というと、これまでにもいくつかある。ざっとあげてみるだけでも、警察予備隊違憲訴訟（昭和二六年）、百里ヶ原自衛隊基地違憲訴訟（昭和三三年）、砂川事件（昭和三四年）、恵庭事件（昭和三八年）、そして最近の長沼違憲訴訟。

これらの自衛隊関係違憲訴訟は、あるものは地裁の段階で勝利しても、最高裁で統治行為論として逃げられ、また、すでに地裁の段階で違憲判決を下さずして逃げられたりした。

こうした裁判の間に、自衛隊が一貫して狙ってきたものは、装備の完備等による自衛隊の現実的存在の誇示と、それを通しての最高裁による「お墨付き」――明確な軍隊としての――を得ることであった。

しかも、少なくとも今日までの自衛隊が、〝議会の多数〟の承認のうえに成立していることを考えるとき、支配者たちは、この実質的承認をとりつけるために、社会的なさまざまな工作をしてきたのであった。これらの国民の承認が、たとえ沈黙というかたちでなされているにせよ、たえず承認を必要とする支配者たちは、世論工作をつづけてきた。

基地経済で潤っている人びと、災害派遣、その他の民生協力で自衛隊から援助を受けている人びとだけでなく、自衛隊が「国を守るため、平和と自由を守るため」にあるのだと信じこむ人びとは、確実に増加している。このようなことを考えていくと、われわれはもはや、この「事件」を裁判闘争にのみ集約していくことはできない。支配者たちの全面的な攻勢に対して、われわれもまた全面的な攻勢をはからなければならないのである。

昭和四四年検第四三二一号

起　訴　状（写）

左記被告事件につき公訴を提起する。

昭和四四年十一月二二日

新潟地方検察庁

検察官検事　津村節蔵

新潟地方裁判所　殿

一、被告人

本籍　鹿児島市下荒田町三七六番地

住居　新潟県佐渡郡金井町大字新保乙四五〇番地　雑貨食料品店経営大道昌恭方

職業　無職　(元航空自衛隊三等空曹)
氏名　勾留中　小西　誠
年令　昭和二十四年三月五日　生

二、**公訴事実**

被告人は航空自衛隊第四六警戒群通信電子隊に所属する三等空曹であるが、同群所属の自衛隊員に対し、同群で実施している特別警備訓練を拒否させる目的をもって、

一、昭和四四年一〇月五日新潟県佐渡郡金井町新保丙二ノ三七番地に所在する同自衛隊佐渡分とん基地内において、同月一日付の「アンチ安保」第二号と題し、その内容に「良識ある自衛隊員諸君」と呼びかけたうえ、「まさに今の自衛隊はブルジョアジーの意のままに動くブルジョア階級のロボット、使用人、奴隷ではないか。軍隊とは何か、軍人とは何か、自己批判せよ。(中略)勇気ある自衛隊プロレタリアート諸君、現実を直視せよ。そして立て、ブルジョア階級政府、死の商人打倒のために、真の平和国家建設のために。人民の正当なる権利の主張を侵害するデモ鎮圧訓練、治安訓練を拒否せよ。」などと記載した文書各一枚を前記隊内掲示板三ヶ所にそれぞれ貼付掲示して、自衛隊員小沢貞夫らに閲覧させ、

二、同月九日前記金井町大字千種丙二九六番地笠井栄吉方板壁ほか二四ヶ所に、「治安訓練拒否」と記載した自衛隊員に特別警備訓練を拒否するよう呼びかけたビラ合計二七枚を貼付掲示して、

自衛隊員、七生勇雄らに閲覧させ、
三、同月十一日前記分とん基地隊舎内廊下、体育館等に「治安訓練拒否」と記載した前同様のビラ合計五六枚を貼付掲示して、自衛隊員大友定信らに閲覧させ、
四、同月一八日前記分とん基地内において、同月一五日付「アンチ安保」第三号と題し、その内容に「我々の敵は誰か、我々の友は誰か」「何故、我々は治安訓練を拒否する必要があるのか、いや何故我々は拒否せねばならないのか。」と書き出し、さらに「何故彼らはデモるのか？　何故デモらなければならないのか？（中略）何故我々自衛官が彼等を鎮圧するのだ。我々は自衛隊入隊以前は、いや今でも下層貧困階級、勤労人民階級として搾取され抑圧されているではないか。我々の生活を人間としての生きる権利を勝ちとるために戦っている彼らを何故鎮圧する必要があるのだ。（中略）友よ、デモ隊は我々の敵ではない。我々の敵はブルジョア政府、帝国主義社会体制だ。（中略）命令なら人を殺してもよいのか。命令なら何をしてもいいのか。いったい我々は何だ。犬か、ロボットか、機械か？　極東軍事裁判においては上官の命令により捕虜を殺した軍人は処刑された。すなわち何よりも必要なのは良心なのである。何よりも重要なのは『自分は個人はどうするのか』ということなのである。（中略）誰がブルジョア政府の指図で動くものか、俺達が死ぬことを俺達がきめて何故いけないのだ。勝ちとれ、自衛隊に自由を民主主義を。（中略）十月十日、遂に我々待望の全自衛隊革命的共産主義者同盟――赤軍――が結成された。この赤軍は革命の政治的任務を遂行するための武装集団である。すなわち赤軍は帝国主義日本政府の戦争政策

を未然に防止するだけでなく、大衆に宣伝し、大衆を組織し、大衆を武装し、大衆を助けて革命政権を樹立することを任務とし、広範な人民大衆の利益のために全世界人民の利益のために戦うことを目的としている。」などと記載した文書各一枚を前記隊舎内食堂入口扉ほか三ヶ所にそれぞれ貼付掲示して、自衛隊員、小端鉄彰らに閲覧させ、
五、同月二〇日、前記隊舎車庫内に駐車していた隊員送迎用の官用バスの座席に前記「アンチ安保」第三号と題する文書合計九枚をそれぞれ差し込み、翌二一日朝出迎えのため同バスを運行させて右文書を同バスに乗車した自衛隊員、七生勇雄らに閲覧させ、
もって前記警戒群所属の多数の自衛隊員に対し、特別警備訓練を拒否するよう怠業の遂行をせん動したものである。
三、罪　名
自衛隊法違反　同法第六四条、第一一九条第一項第三号、第二項後段
右は謄本である。

自衛隊内で「アンチ安保」のビラや、「安保粉砕！」、「治安訓練を拒否せよ！」などのステッカーをはり出したとき、私のこの行為が一般社会の人びとには知られることなく、闇に葬られるだろうという暗い予想が、私にはあった。もちろん私は、そのようなことで、私の行動をやめるつもりはまったくなかったのであるが。

たとえ私が自衛隊の制服を着たまま手錠をかけられ、連行されたとしても、手錠をかけられた自衛隊員の私が、どのような「罪」を犯したのかを知ることは、その私を見たほかの人びとには不可能なことだ。まして私は、ヘリコプターで佐渡から新潟市内に連れてこられたし、市内は警察の車に乗せられどうしてであったので、手錠をかけられた自衛隊員の姿は、新聞記者はもちろん、ふつうの社会の人びとにも見られることなどなかったのである。

そこがむしろ、私を逮捕した警務隊のねらいであったことはいうまでもない。

ところが、現実に、私のことが報道されたのだ。それがどのようにして行われたのかは、あとでわかった。一九六九年一一月二一日の『新潟日報』には、次のように載っている。

反戦自衛隊員を逮捕——新潟地検

隊内（佐渡）でビラ張り

「自衛隊員が隊内で反戦ビラをはり出し、自衛隊法違反の疑いで逮捕された。新潟地検は極秘裏に捜査していたが、一九日朝、新潟簡裁で勾留理由の開示（説明）が行われたことから逮捕、勾留の事実が明るみに出た。この隊員の背後関係についてはわかっていないが、自衛隊員が反戦活動で逮捕されたのは全国で初めて。（略）

被疑事実はさる十月十八日午前八時すぎ、小西が「一〇・二一国際反戦デー」に向けて佐藤訪米阻止や安保粉砕を訴えた反戦ビラ数枚を庁舎内にはり出したというもの。直ちに同部隊が属する航空自衛隊中部航空方面隊＝埼玉県入間市＝が捜査に乗り出す一方、新潟地検も問題を重視し両者で対策の協議を重ねていたが、東京高検の指示で自衛隊法で定められた隊員の「政治的行為の制限」と「怠業の扇動禁止」規定違反容疑で逮捕状請求に踏み切り、十一月四日《ママ》に逮捕、勾留した。一方、同方面隊では十一月十五日付で小西を解任した。

直ちに同地検から同簡裁へ勾留請求があり、即日十日間の勾留が認められた。さらに同地裁は同地検の請求で十日間の勾留延期を認めた。このため、小西本人が勾留理由の開示を同簡裁へ請求、十九日午前九時半から同簡裁・山田慎一裁判官係りで開かれた。法廷で同裁判官が勾留理由を説明したのに対し小西は「逃亡も証拠隠滅も出来るわけがない。勾留は不当だ」と主張した。

（略）

法廷前の黒板に小西の氏名と被疑罪名が書き出されたが傍聴人は一人もいなかった。開廷して十分か十五分で理由説明が終了、閉廷後検察側の要求で直ちに黒板が消されたという。同地検公安担当官はこの事件について「なにも言えない」といっさいを明らかにせず、堅く口を閉ざしている。

第四六警戒群浜峻司令官の話

小西はまじめな男で勤務成績も良く、隊員同士の交際は少なかった。背後関係はわからない。」

こうして私が逮捕され、新潟拘置所に勾留されていることが、『新潟日報』によって報道されると、翌日には新潟県内の一一人の人びとによる弁護団が結成された。

共産党系弁護士三名、社会党系弁護士二名、その他六名という構成である。当初は起訴される前であったので弁護団は不起訴へもっていこうとした。しかし、私はこれに対してあえて反対したのである。なぜなら、私が自衛隊内で公然と反戦ビラをまき、治安訓練を拒否していったのは、ひとつには、裁判闘争を叛軍闘争の手段とすることによって内外からの自衛隊への闘いを発展せしめようとしたからである。

したがって、この裁判は〝犯罪人〟とされている私が、被告人として〝被告席〟を強制されているのではなく、まさに、自衛隊が、ブルジョア国家権力自体が、被告として〝被告席〟に座ることを強制し、私はその挑戦に立ち上がったのである。

共産党系の弁護士との意見の対立は、ここにあったといってもいいだろう。彼らは自衛隊法違反ということで、すぐ自衛隊違憲訴訟のみに矮小化しようとした。すなわち、なぜ、私が公然的活動に踏み切って闘いを開始したのか、そこに何を訴えようとしたのか、理解できなかったのである。

彼らは議会主義革命を唱える。議会で多数をとり、自衛隊＝ブルジョア軍隊を解体し、社会主義国家を自衛する軍隊を創設するのだという。はたしてそれが可能だろうか？

自衛隊法では、自衛隊は政治的に中立でなければならないと謳っている。

しかし、階級社会において政治的に中立な軍隊が存在するだろうか？　ブルジョア・イデオロギーの浸透していない軍隊が存在するだろうか？

自衛隊内の反共産主義思想教育、政治教育を彼らは承知しているのだろうか。

軍隊が最後まで、反革命集団として残留することは歴史が証明しているではないか。軍隊が今日においても隔絶され、純粋培養されていることは明らかである。

それを承知するなら、われわれは、いかなる闘いを構築するべきだろうか。

昨年一二月、「第一、第二の小西を！　東京行動委員会」の結成席上、アメリカの反戦兵士として逮捕され、いまなお叛軍闘争を続けている、アレン・マイヤー氏は次のようにわれわれに連帯の言葉を述べている。

「歴史上、もっとも大きな軍隊は、敵によってではなく、味方の下級兵士によって、崩壊させられた」と。

われわれは彼の言葉から、何を実践すべきか、私の裁判闘争をいかに闘っていくべきかを感じとれるであろう。

四五年二月四日、共産党系弁護士を中心とした弁護団は辞任届を出して去っていった。しかし、私のほんとうの闘いを支持し連帯して闘おうとする弁護団が、新たに結成されたのである。

私は自衛隊法違反、第六四条のサボタージュの扇動と第六一条の政治的行為の禁止に抵触した〝科《とが》〟で逮捕された。しかし、同月の二二日に起訴されたときは、六一条が削除され、六四条のサボタージュの扇動によってのみ、違反の条項であるとされた。

第１回公判前に支援集会で待機する筆者（新潟大学校内）

この事実が表していることはなんであるだろうか。

注目しなければならないのは、第六一条の政治的行為の禁止条項が適用されなかった、いや、適用できなかったということである。

通常、一般公務員も自衛隊員も、同様の政治的行為の禁止が謳われている。だが、国家公務員の多くは公然と政治活動を行っているが、逮捕・起訴されていない。このことは、一般公務員を政治的行為の禁止で逮捕・起訴すれば、同規定の違憲性が正面からあらそわれることを恐れてのことであることは事実である。

政府が、自衛隊は軍隊でないとし、その存在を国家公務員の特別職とするならば、一般国家公務員にできることが自衛隊員にできないことはない。

いまや、われわれ自衛隊員は、ついに、政治活動の自由を勝ちとったといっても過言ではない。いや、われわればかりではない。特殊公務員といわれる警察官にしても海上保安官にしてもそうである。

政府、検察庁が私を六四条のみによって起訴してきたことには、まだ、多くの意味がある。

第一には、構成要件該当性の問題である。「治安訓練拒否」というビラをはっただけで、サボタージュの扇動に値するか？　違憲判決を避けるためとも考えられるが、しかし「軍隊」内で公然と反戦ビラをくばり、治安訓練を拒否して、刑事処分ができないとなると「大日本帝国軍隊」の名折れである。

七〇年代に、さらに大きく「大国」に似あった軍隊としてはばたこうとしている自衛隊が、このような状態では、アジア侵略に役立たなくなるであろう。

第二に考えられるのは、最高裁の「お墨付き」をもらって、はっきりとした軍隊――自衛の軍隊――として打ち出していこうという方向である。

ことし三月、防衛庁は自主防衛五原則を国民に提示してきたが、その第一に「平和憲法を守る」ということが高らかに謳ってある。また、マスコミを通して意識的に、自衛隊の支持率のパーセンテージを流し始めたことは、彼らのこのような方向をはっきりさし示しているであろう。

このようなことを考えていくと、私はもはや、この「事件」を裁判闘争にのみに集約していくことはできない。

にもかかわらず、私の「裁判」は存在する。であるなら、われわれはこの「裁判」というワクのなかで、何をするべきなのか。たんなる「儀式としての法廷」は、すでにわれわれにとって無意味である。

支配者による全面的な攻勢に対抗する、われわれの全面的な攻勢をこそ、この裁判の過程でもはからねばならない。そしてそれは、叛軍闘争のひとつであると、私には思えるのだが。

政治的活動の禁止条項をおとして、私を起訴してきたことが示すことは、支配者たちにとっても、この裁判が慎重を要するのだということであるだろう。それは、自衛隊が合憲か違憲か、という彼らにとっての危険なバランスの上に、現在の自衛隊が成立していることを、われわれに教える。

とするならば、われわれの任務は、まずこのバランスを、人民の総武装という戦略のもとにつきくずすことである。

われわれはまた、民衆弁護人運動を提唱する。民衆弁護人――法的には特別弁護人――は、現在、あまり活用されていないが、しかし、民衆弁護人こそ刑事被告人の真の弁護をできうるものであるだろう。現行ブルジョア法体系は、資格ある弁護士のみを弁護人であるという慣例をつくっているが、真の民主主義下における裁判については民衆弁護人こそ弁護人であって、資格ある弁護士はそれを法的に援助するにすぎないのである。

私は全国のすべての人民が民衆弁護人として裁判に参加されることを希望したい。そして、自衛隊解体闘争――叛軍闘争と裁判闘争をつなぐ、パイプ役として、法廷内における闘いを法廷外での大衆運動に反映させ、オルガナイザーとして、みずから、叛軍闘争の参加者となっていただきたいと思うのである。

われわれは、第一回公判前に何千枚という特別弁護人選任届を新潟地方裁判所に提出するであろう。もちろん、この特別弁護人は、いままでの判例では三名が限度であった。がしかし、われわれは、裁判所に全員の認可を要求することによって、真の裁判とは何かを、大衆に問うていくであろう。

2　隊内造反の波紋

私は、あらゆるところに「アンチ安保」をはり、配り、まいた。だが、このビラに対する反応は鈍かった。警務官の一人は取調べのときいった。

「きみ、このビラは内容がむずかしすぎるよ」

たしかにそうかもしれない。彼らの政治的意識からすれば。しかし、それだけではない。彼らの政治的無関心がこのビラに対する反応なのだ。

第二号が、各内務班に新聞折込になって配られてきたとき、ふつうの宣伝ビラを読むように読んでいた隊員。誰もそれを上官へ届け出るものはいなかった。金井町のアジビラでさえ隊員たちに話題として入ってこなかった。

一〇月一一日、朝、隊内のあらゆるところにアジビラがはってあった。「全自衛隊革命的共産主義同盟」の署名入りのビラがー。

当直幹部入部一曹はあわてた。すぐに基地司令に電話をかける。

その返事は、「証拠品となるのでそのままにしておくように」ということだったようだ。

六時の起床後、隊員は口ぐちにいった。

小西裁判の現場検証（1972年6月14日、佐渡分とん基地正門）

「誰がこんなにはったんだ」
四、五日その話題で持ちきりになった。
「あれだけはるのは少なくとも五、六人いるな。隊内にあんなのをはるのはいないから、たぶん外からきたんだろう。いや、司令のところだけベタベタ貼ってあるから、内部の人間か」

そばで聞いている私は、奇妙な感じがした。

そして、その日から、毎朝八時の勤務交代をも中止され、全員の面接が開始された。

「きみは安保条約をどう思うか」「同僚で思想的におかしいと思う者はいないか」一人約一時間、徹底した調査だった。私も面接を受けた。

「小西三曹、きみがやったことはわかっているんだ。教えてくれよ。あと何人でやったんだ」

私はいっさいノーコメント。

治安訓練を拒否し、私のやったことがはっきりしたあと、何人かの隊員が私を非公然に訪ねてきた。

「おれの父は昔、共産党員で監獄へブチ込まれたことがあったんだ、きみの行動は支持するよ」とある空士長。

「きみのような真面目な隊員がなぜあんなことをやるんだ。おれにはわからない」二尉。

「きみがそんなことをやれば上官に迷惑がかかるだろう」とある二曹。

そして、基地の幹部はほとんど「きみと話をしたい」と、説得のためやってきた。

「きみの好きな部隊に栄転させたいがどうだね」、総務人事班長はいった。逮捕されるまでの二週間、多くの隊員が、私がなぜこのような行動をとったのか質問してきた。娯楽室であるいは食堂で。私は明確に答えた。

「きみの考えは理解できるけど、やっぱりおれたちにはできないな」、大部分がそういった。

防衛庁の反応もすばやかった。

一一月二一日付の『新潟日報』には、次のような浅生茂防衛庁人事教育長の談話がのせられている。「ビラをはったうんぬん、といったことで、規則違反に問われ、懲戒処分になったのは、私の知る限りかつて例がない。しかし、その内容は、本人の利害に関係することであり、公にはできない」。

にもかかわらず私が公然活動に踏みきった時点から、全国でいっせいに「反戦パージ」が開始された。思想が少しおかしいというだけで配置転換され（治安部隊から後方業務などへ）、尾行がつき、退職勧告が行われた。

とくに、監視が強化されたのは勤労学生である。「一般学生と接触するな」という命令が全国的に下された。

そして、私の行動に対する教育も行われた。少年自衛隊では、とくに思想教育が強化された。防大教官を臨時教官として、いままでの観念的反共教育を理論的反共教育へと変更させざるを得なくなった。

いっぽう、私には自衛隊内外からのいろんな手紙も届いてきた。

一例を挙げる。

「私は普通の大学を出てから自衛官となったせいか、上官の旧軍出身者や防衛大出身者とは意識的ズレがあることはわかっていたが、時が経つにつれこれほどまでにズレが大きく、否、これほどまで自衛隊というものが反共、反人民的であり自民党の私兵であることを今更ながら驚く次第である。

首相、防衛庁長官その他の防衛関係者はことあるごとに仮想敵はないと言明しているがこれは全くのうそ八百ぐらい公然の秘密であることは世間ではもう良く知っていることである。

自衛隊はアメリカ軍の補助部隊として、またアメリカ兵の弾丸よけとして対外的に使われるに過ぎない。

実際自衛隊の幹部学校（市ヶ谷）においてとっくに、対敵行動教範なるものを制作している。そしてこれを秘文書としている。対ソ教範を「甲」、対中国を「乙」、対北鮮を「丙」と各々呼び「乙」、「丙」は極秘扱いになっているのである。

今更自衛隊の違憲性を九条から見てとやかく言うまでもないが、憲法前文でうたう国際的協調主義に対する挑戦であり決して見すごすことができないものである。

以上の事実はほんの一例にすぎないが、このように自衛隊内部からどんどん自衛隊を告発して行こうではないか。自衛官諸君！　姿を見せぬ第二、第三の小西君になろう。隊内での不満、機密事項を投書しよう」

逮捕されてからほぼ半年後、保釈中の私はかつての勤務地であった佐渡を訪れた。「アンチ安保」のビラを作り、配ったときいらい、佐渡のレーダー基地がどのように変化したのか、あるいは変化しなかったのかを、この眼で見たいと思ったからだ。そして、その情況を見ることで、これからの叛軍闘争そのものの進め方を、私なりに考えてみたいと思った。

いまもなお、佐渡のレーダー基地に勤務しつづけている隊員の、ほんとうの姿を知るためには、私が佐渡を訪れていることを下士官や幹部の者たちに知られないということが必要だった。

なぜなら、もし彼らが、佐渡に渡った私のことを知ったら、すぐにでも命令を出し、私と一般の隊員たちが話すのを禁止するだろうことは、自明のことだったからだ。

しかし、レーダー基地にもっとも近い町、金井町の人口は、ほぼ四〇〇〇。そこに三百有余の自衛官がいるのであるが、どんなに気をつけて歩いても、まったく気づかれないように行動するというのは、至難のワザだ。とすれば、角を曲れば隊員に当たる、という情況をこちらが利用するしかない。

金井町には、パチンコ屋が一軒、喫茶店やスナックにしても数えるほどしかない。一般の隊員にとっての、手軽な遊びはパチンコであることは、よく知っていた。パチンコですったりして、疲れると喫茶店に入る。隊員の平凡な休日は、簡単に終わる。私はこの平凡な休日をネラうことにした。

そして、このネラいは成功した。パチンコ屋にも、喫茶店にも、かつて私が共に生活したことのある隊員たちが何人もいた。彼らとの会話によって、私はこれから自衛隊がどの方向にすすもうとしているかの、ある確実な胎動を見たように思う。

そのことを述べる前に、佐渡に行く前に私がどのようなイメージを描いていたかを、書いておこうと思う。

私が逮捕されてから以後、おそらく佐渡分とん基地では、いやそこだけでなく、防衛庁をはじめとする全自衛隊基地では、隊員の公的生活はもとより、私的生活までをも徹底的に引きしめようと努力したであろう。隊員の私的生活をきびしくすることは、彼らの公的生活をひきしめるために欠かすことができないことはいうまでもない。

そして、隊員の全生活をきびしく規制するために、精神教育、思想教育（その内容が反共教育であることはいうまでもない）の強化が行われたであろう。

これまで、暗黙のうちに認められてきた一般隊員の下宿生活などは、まったく認められなくなり、それにともない、一カ月六回までという外出制限の徹底化、あるいはそのいっそうの制限、ということも行われたにちがいない。

上官と一般隊員との厳格な区別は、これもまた公的・私的生活を通して、強化されただろう。

規則違反、規律違反に対する罰則は、これまで以上にきびしくなり、こうした違反を探すための何らかの機構も完備されたにちがいない。

　一言でいえば、隊員に対するきびしさがいっそう激しくなっただろう……。

　以上が、私が逮捕されてからほぼ半年後に佐渡へ行ってみるまでの、だいたいの予想であった。


　ところが、佐渡に行ってみて、私が見聞きした隊員たちの生活は、こうした私の予測を裏切るようなものであった。

　まず第一に、精神教育や反共教育が、そう徹底して行われているようすはなかった。

　私が逮捕されたことは、もちろん全隊員が知っていた。当初はそのことについて箝口令《かんこうれい》がしかれもした。また、基地司令は、朝礼のとき「使命を自覚せよ」と訓辞をしたのであった。そればかりではない。三月下旬には統合幕僚会議議長・板谷空将が佐渡に来訪、激励の訓辞を行った。が、しかし、それ以上のものではなかった。隊員たちは相変わらずである。

「何かちょっといってたみたいだったけど、だれもそんなの聞いちゃいないですよ。なにしろ眠くってねェ。あいかわらずボサッとしながら、立ってただけですよ、みんなだれも聞いちゃいないことぐらい、基地司令がいちばんよく知ってますよ」。私が佐渡で会った隊員のひとりはいった。

　また内部の規律についても、いっこうにきびしくなったこともないようだった。いやそれどころか、私がいたころは一カ月六回だった外泊許可は、私の事件いらい、一カ月一〇回に増えたという。

下宿を借りる金がないものをのぞいて、佐渡の場合、全隊員の九八パーセントは隊の外に自分で部屋を借りている。つまり、ほとんどすべての隊員が下宿を借りていることになるのだが、一カ月一〇回という外泊日数は、三日に一度は、その部屋で過ごせることになる。

もちろん、自分の部屋を持つことは、私が逮捕される以前も暗黙のうちに認められていた。たいていの場合、二〜三人で金を出しあって一部屋を借り、そこでいわば「自由な時間」を楽しんでいる。私が佐渡にいたころもそうだったが、たぶんいまもそうした部屋には、テレビがあったりステレオがあったり、それに隊員たちにとっての唯一の関心、つまりクルマのことだけが載っている雑誌や週刊誌、そして『平凡パンチ』や『プレイボーイ』などの男性週刊誌などがころがっていることだろう。壁にかけた制服の脇には、ヌード写真などが週刊誌から切りとられて、はりつけてあるかもしれない。

こうして、すべては私がいたころと変化しないどころか、外出制限をゆるめたことなどを見てもわかるように、規制は前よりもゆるやかになっているのだった。

ところが、私が驚かされたのは、これだけではなかった。上官と一般隊員との区別は前よりも乱れてきている、という予想もできなかった事実だった。

私がいたころは、上のものを、下のものが殴るなどということは考えられないことだった。たとえ酒を飲んで酔っていても、そのような事件は、ほとんど皆無だった。もしそんなことがあったりすると、下の隊員はまずまちがいなく懲戒免職にさせられたものだ。

しかし、私がかつての同僚に聞いたところでは、こうした事件は、私がいなくなってから急に増加し、彼が知っているだけでも五件を数えるという。このなかには、酒を飲んで酔ったうえでの暴力事件もあるが、そうでない勤務時間中のもののほうが多いのだという。そして、こうした事件をおこして、まだだれひとり懲戒免職にされたものもいないし、だいたい暴力事件などは多くの隊員が知ってはいても、だれも何もいわない。

佐渡レーダー基地のレドームの上で

私がいたころには、考えられないことだった規律のゆるみと暴力事件の多発。このことが、私がいなくなってからの佐渡基地について物語ることは何であろうか。

それを知るためにひとつの重要と思われる事実を、私は同じく佐渡で聞いた。

こうした一般隊員の「乱れ」とは別に、通電隊長の一尉が、佐渡の基地から突然いなくなったという。一尉が行ったところはどこか？　それは東京・市ヶ谷にある自衛隊「本部」だった。

市ヶ谷の自衛隊に行った理由は、「研修」ということであるが、「よくはわからないけど、たぶん、再教育ということじゃないですか」と、その隊員はいった。もしそうだとすれば（そして、私もおそらくそうであると考えるのだが）、「研修」の目的は、サラリーマン自衛官と呼ばれる一般隊員とは別に、エリート自衛官を、まず、再教育することにあるだろう。

一般隊員にとっては、自衛隊はいわば「仮の宿」であり、三年間そこで勤め終えれば、民間の企業に入っていく。隊員にとっての三年間（空海自一般隊員の任期）は、「早く終わればいい三年間」であり、それ以外の何物でもない。そのことは、六年間自衛隊にいた私には、よくわかる。

三年間自衛隊にいれば、毎月の給料のほかに、退職金として一二～三万円を手に入れることができる。彼らが三年未満で自衛隊をやめていかないのは、そうすればこの退職金が手に入らないことと、この三年間のあいだには、いい職、それこそ一生そこで勤めつづけられるいい職がなかなか見つけにくいことのふたつの理由からだ。けっして、「国を守る」ためなどではない。

とすれば、こうしたサラリーマン自衛官を徹底的に教育することは至難のワザである。それよりは、やがて徴兵制をその射程に入れた自衛隊にとっては、サラリーマン自衛官を教育するよりは、エリート自衛官である幹部や下士官クラスを再教育する方が望ましいであろう。

もちろん、過渡期としての自衛隊は、やがて一般隊員に対する思想教育や精神教育をいっそう強化するようになるだろうが、自衛隊をとりまく一般社会における自衛隊認識教育が、そう急激にはやりにくいことを考えるとき、一般隊員はおそらく、一般社会の自衛隊認識のための教育と同じ程度か、それよりはいくぶん早めにしかできないだろう。なぜなら、一般隊員の意識は、おおまかにいって、ふつうの社会人と同程度の意識であるからだ。

それよりは、エリート自衛官を育てたほうが、てっとりばやい。それだけでなく、このほうが確実なのだ。

一般隊員を「自由」に遊ばせておいて、そのあいだにエリートたる幹部や下士官を堅固につくりかえる。そしてやがて、一般隊員とそれをとりまく社会とを同時に教育していくというパターンは、やがてくる自衛隊像、いや、日本の全体像を示していないであろうか？

われわれが叛軍闘争をすすめていくとき、こうしたやり方を見ないわけにはいかないであろう。現在のところ、一般隊員の教育を強行すれば、彼らの激しい抵抗にあうことはまちがいない。その抵抗は、きわめて生理的なものであるだけに、政治的にはなりにくいが、そのような冒険をするほど、現在の自衛隊幹部はおろかではない。自衛隊上層部は、少なくとも現在までのところ、一般隊員の心まではとらえていないことは、あきらかである。また下士官クラスにせよ、ようやく手中におさめるべく動き出したところなのである。

叛軍闘争をすすめようとするわれわれもまた、一般隊員の心をつかむには、大きな努力を要するにちがいない。しかも、今日の社会にあって、一般隊員と同じレベルの人間については、ほとんどつかみきっていないことを考えるとき、「国を守るとは何か？」と比較的真剣に考えている下士官クラスの心をつかむことが先決であろう。

それはまた、下士官隊員が軍隊内階級対立の矛盾をその全身に集中することを示す。彼らは支配者が支配を貫徹するために第一線指揮官として下部に直接命令を強制し、積極的能動的に行動し、まさに軍を支えているのである。その積極的行動の中で見るものは、下部隊員の苦悩であり人間的欲求である。したがって、彼らは上からの圧力と下からの抵抗の中で、苦悩し昏迷し直視せざるを得ない。それは、軍隊＝真空地帯という観念的虚像を突破する強力なバネとなる。

おそらく、七〇年代闘争は、支配者たちとそれに抵抗するわれわれとのあいだの、自衛隊争奪戦となるであろう。まだともに、完全に自衛隊員の心をつかみきっていないのだから。

3　自衛隊員の意識

出席　友好摂男（二一歳・入間基地ナイキ中隊・元空曹）
中井和彦（二三歳・練馬駐とん地普通科連隊・元陸士長）
小西　誠（二一歳）

1

小西　友好さんも中井さんも自衛隊をやめられたのですが、個人として自衛隊をやめられた理由はなんですか。

友好　結局、航空自衛隊生徒隊の生活の四年間、いわゆる少年自衛官としての四年間というのは、学生的な気分がすごく強かった。それから実戦部隊に一年ちょっといて、いろいろ勤務したんだけれども、そこで人間としての疎外感を強烈に感じた。

そういうきっかけになった一つの事件があります。それは、通信教育で慶応大学四年生だった空士の人とぼくはかなり親しくつき合っていました。彼は哲学をやっていて、思想的にも、すごく影響を受けたわけです。その彼がある日突然、失踪した。ところがそのあと、隊内で彼を批判した。それがものすごく奇怪に感じられたわけです。

このことが一つの大きな動機になったし、また根本には、進学を捨て切れなかったのも大きな要因だったし、それに付随して、このままぬるま湯につかったように生きていきたくない、という反発感もすごくありました。それで思い切って飛び出したんです。

中井　おれの場合は初めからやめるつもりでいたから。ずっと自衛隊に居続けようという気持ちはぜんぜんなかったんです。それで、一年目に、もう途中でやめようと思ったんですけど、友だちと話しているうち、転属してもう一年やってみようということになって。

小西　なぜ自衛隊に入隊されたのですか。

友好　ぼくが自衛隊に入ったのは、意外と単純なんだけれども、結局一番大きかったのは家を出たいということでした。それに、そんなに深く考えられなかった。ただ、パイロットになりたかった。ところが途中で目が悪くなったりいろんなことがあって、結局パイロットになれなかったが、そのままズルズル自衛隊にいたわけです。

中井　おれは六五年の「日韓闘争」のときに社青同で闘争をやっていたわけなんです。ところが社青同が内部分解を起こしてゴタゴタしてきた。そのときに社青同をやめたのです。ちょうど、二〇歳でした。そのとき、いまの社会の中で自分というものを主張する生活、そういった青春を送りたいと思ったわけです。しかし社青同をやめて、家の商売を手伝いながら、どうしようかとブラブラしているうち、どういうことをやっているのか見てみようと思って自衛隊に入隊したわけです。自衛隊で自分の肉体の限界を確認してみようと思ったりもしました。

小西　社青同に入っていた自分と、自衛隊に入っていく自分の存在自体が矛盾するということを、はっきり認識していたわけですか。

中井　まあ認識していたといえば認識していたんだけど……。入ってからおれは、精神教育を拒否したり、また教育隊当時からアカだなんていわれるような隊員だった。だから矛盾は認識していた。また、同僚や友人にお前はアナーキーだともいわれた。しかしぼく自身の行動がそれほど犯罪的なものは感じなかったですね。

小西　ぼくも最初の段階では、たとえば『毛沢東語録』なんか読んでいても、これがいま自衛隊にいる自分の存在と矛盾するんだ、ということを知らなかったんです。最初の思想の形成の段階で、そういう矛盾というのがわからなかったな。ところで現在、一般的な状況として、自衛官の退職者がものすごく多いわけですよね。たとえば航空自衛隊だったら、三年満期で九〇数％がやめる。また五年満期、七年満期の段階でどんどんやめていく。陸上自衛隊の場合もこれとほとんど変わらないはずです。そんなふうに一般の隊員がやめていく理由についてどう考えられますか。

友好　ぼくは、思想的な問題じゃなくて、なんとなく外の世界がよく見える、というのがいちばん大きな原因じゃないかと思っている。つきつめてどうということはないと思います。ただなんとなくつまんないからと、深く考えないで自衛隊を出ていっちゃうという感じが強いですね。

小西　一般の集団就職者が工場を転々とかわるみたいな感じでやめるということですね。

中井　自衛隊に入っている人は、やっぱり社会におけるなんらかの挫折なり、失敗なりをへてきた人が多いと思うんです。昔みたいに国を守るんだとか、日本の平和につくすんだ、という使命感をもって入ってくる人はほとんどいない。それで自衛隊の中に入って、きびしい規律のなかで生活するうち、自分がオリの中に入っているように感じるようになる。それで、やっぱり自由というのかな、なんらかの自分としての一生の生き方というものを求めるようになると思うんです。

小西　一般的には職を転々とするような気持ちでやめていくということが、中心になっているんですけども、ということは、それとともにやっぱり自衛隊には、自由とか、規律とかに問題があるということも一つの原因だと思うわけです。そこで、自衛隊にいて具体的に何がもっとも大きな不満だったか、ということが当然出てきますね。ぼくの場合には、入隊したときには、不満というのはほとんどなかったんです。これは当然だというふうな意識がかなりあったものですから。自衛隊というのはこういうふうに規律も厳正で、命令にはさからっちゃいけないんだという前提のもとに行動していました。ところが、一年、二年とたつうちにおもしろくなくなるわけです。たとえば外出のさいには絶対、制服を着用しなきゃいけないとか、夜の七時半までに帰ってこなきゃいけないとか、そういうことへの非常な不満が出て来たわけです。

最初入ったときには、自衛隊内の生活があまりにもきびしすぎるために、不満はかえって感じ取れないんです

新隊員の実弾射撃訓練

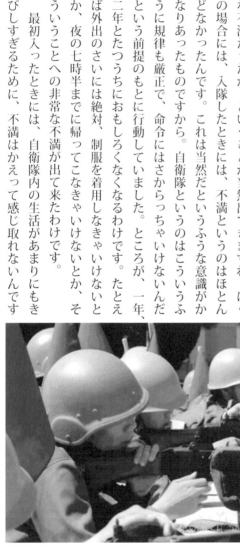

ね。さらに、われわれ一般隊員が、あまりにも意識状態が低いので、そこまで感じ取れないために、一年、二年たたないかぎり最初の不満というのは出てこないということはありますね。

中井　おれの場合は、矛盾しているのかもしれないけど、初めから反感があったわけね。教育隊に入ったとっぱなからケンカした……。たとえばソ連のことでおれがそいつのいうことに反対したら、相手は航空隊くずれのやつで二度目の入隊だったんですけど、おれをアカだといった。そこで外に出てちょっとぶんなぐり合ったりした。ところが、その男は班長のところに行ってそのことを報告した。おかげでおれは班長から呼び出されて文句をいわれたということが教育隊当時にありました。おれの場合は、最初からことごとく反発をしていたわけです。自分で選択して入っていながら、そんなに反発するのは矛盾だとは思っていたけれども、そこはあんまり考えないで、規律とか、上司の精神教育とかに対して、ものすごく反発したのです。なにも将来の安定した生活といったことを考えて自衛隊に入ったわけじゃなし、そのオリのなかにずっといることが、やっぱり耐えられなかったんですね。

小西　あなたは陸上自衛隊の普通科連隊にいたわけですよね。普通科連隊は、毎日、午前中は座学をやって、午後からは体育や徒手教練をやったりするぐらいで、たまに大規模な、一週間あるいは三日ぐらいの演習をやるんですね。普通科連隊では、ほとんど毎日、ただ訓練だけだということに対する不満、要するに仕事に対する不満というのは出ていないですか。

中井　それはものすごくありましたね。普通科連隊だから、まず戦闘訓練というのもあるんですけど、それが入って半年ぐらいしてからかな。六八年ですか、あのころから急激に治安行動訓練が多くなって、毎日、毎日、治安訓練だったんです。それに対してものすごく不満を持っていたとはいえます。だいたい治安行動訓練というのは、戦闘訓練よりもっと画一化されていておもしろくないんだ。いろんな隊形はあるんですけど、単純なおんなじことを何回も一日のうちにするわけです。たとえば「横隊隊形つくれ」とか、「L型隊形つくれ」とか、指揮者の命令一本でいろんな隊形をつくって、着剣して銃を構えて前進するんですけど、それを何回も繰り返していく。すごく単調なわけなんです。

小西　だいたい単調だということの不満が、やっぱりいちばん先に出てくると思うんです。もう一つはぼくの佐渡の場合なんか、単調だということのほかに、あんなことやって何になるんだ、というふうな不満があったんですが、そういう不満はなかったですか。

中井　それはありましたね。はじめから精神教育――たとえば治安行動に関する精神教育なんてあったわけです――をやる教官に対してものすごくおれは反発をしていたわけです。精神教育というのは、思想的なことをすごく矮小化して教えるわけです。たとえば政党をとってみて、社会党とか共産党とか、そういったものは自衛隊を認めていないんだというふうにいうのです。選挙のときなんかよくやるんだけど。でも、何党を選べとはいわないんですよ。それで、自民党は自衛隊を認めている、何々候補はこうで、何々候補はこうでと、必然的に自民党を選ばせるような教育をするのです。治安訓練に関して、いろんな場合を想定して教育するんですけど、共産主義思想、社会主義思想の矛盾をあげつらう。

たとえばおれが覚えているのを一ついうと、人間には欲望があり、その欲望が根本になっているんだから、社会主義とか共産主義とかはまちがっている、というような形でやるんです。いまつ思い出すのは、後期教育のときの精神教育に関することです。いまの既成の政党の政策をいうわけです。核装備のことと安保のことと組み合わせて。それで教官が、自衛隊の上からくるいろんな戦略的な世界情勢をひとわたり語ってから、核装備は必要か、安保は必要かという形で一般隊員に質問するんですね。おれがそのときはっきり、核なんて必要ないんだ、安保なんて必要ないんだ、といったら、その晩にまた班長に呼び出されて、何かいわれたという記憶があります。

友好　生徒隊を卒業して実戦部隊に行ったときの治安訓練のときなんですけど、そこの基地司令伝達で、〝暴徒〟が基地に入ってきたら殺してもいい、といわれたんです。それはちょうど東大闘争ですか、学生が安田講堂に立てこもっていたときなんですけど、あのときは民青が基地を〝攻めてくる〟という情報があったんです。われわれも以前からかなり治安訓練なんかやっていたわけですが、その伝達が入ったときに、ぼくは、彼らを殺していいのか、と思った。それ以後ぼくはそういう司令伝達に対してすごく敏感になったわけです。とにかく司令伝達は、極端にいえば、突入する人間は殺してもいいということなんですからね。

2

小西　このあいだ国分市に行ったとき、「若者よ、人間をつくるために自衛隊に入ろう」という看板が市役所の前に立てかけてあった。こうした看板はどこでも見られるんですけど、自衛隊の生活そのものが「人間をつくるか」ということは、問題だと思うんです。自衛隊における生活で、たとえば厳格さという面とか、あるいは規律という面では、人間をつくっている場合は、少しはあるかもしれませんが……。

ただこの「人間をつくる」とかいうことの実際は、いまの会社が自衛隊出身者というのをものすごく採るということに関係しているのです。なぜ会社が採るかといったら、ひとつは、自衛隊出身者はものすごく奉仕の精神に富んでいるためであり、いま一つは、まじめで規律正しいというためなんです。要するに自衛隊出身者は従順で、上のほうに反抗しないということ、命令には完全に服従するということなんですね。だからこういう人間というのは、ものすごく会社にとっても使いやすいわけですよ。

先日も、七〇年代には自衛隊の隊員不足が深刻になるので、中卒者を多く募集し、自衛隊内で高校教育を行い、一般自衛官にするという、新しい少年自衛官募集構想が中曽根防衛庁長官より出されましたが、実はこの提案は松下幸之助の助言で出されたもので、彼には「自衛隊出身者は①組織のなかで働ける、②体力があり責任感が強い、③命令に服従する、だからこれはそのまま〝良き社員〟に通ずる、自衛隊でどんどんそのような教育をしてもらって一般企業へ出してもらいたい」というようなものが根底にあるわけなんです。このことは、現在の社会が、すべての人間の統制、ロボット化を要求しているからにほかならないと思うんです。

友好　ぼくはいちがいに自衛隊に入ったそのこと自体が悪いとは思わない。結局、入ったおかげでいろんなことに気がついたということはよかったと思っています。入らなかったらまたそのときは別の形での思想的覚醒といったものが当然出てきただろうけれども。具体的にいって、自衛隊に入ってよかったと思うのは、組織のこわさというのを知ったということです。自衛隊は確固とした組織で、あきらかに軍隊ですから、当然おそろしく非人間的なのです。そういうことを身をもって知った。

ぼくは自衛隊の生徒教育を四年間受けたわけなんで、そのあと大学へいって、いろんな学生と接するにつれて、当然のことながら自分と違った意見を聞くようになる。大学に行きはじめたら、よく同級生に、「おまえは自分の意見は中庸だといっているが、その実すごく視野が傾いているぞ」といわれたんです。そういうことが刺激になって、ぼくもだんだん勉強していったんですけど、一般の人の高校時代というのがぼくにとっては、ああいう生活、つまり、航空自衛隊の生徒隊の生活だったから、そのなかで潜在的にいろいろな教育がされていたんだな、ということを感じて、非常に恐ろしく思いました。防衛学にしろ、精神教育にしろ。その恐ろしさを感づいていた自衛隊の同期生もかなり多くいたんですけども、結局そういう奴は小西とはまた別の形でやめていって外でやっていくという状況が多かった。ぼくたちはとにかく共産主義というのは悪いもんだと思っていたというか、むしろ思わされていた状態だったんですよ。いまはだいぶそういった教育も変わってきているらしいんですけれども、いまふりかえってみて意識的に教育していたんだなということを痛切に感じます。

それで、やめる以前に思ったのは、絶対自衛隊はなくならなきゃいけないということです。結局軍隊は、絶対最終的になくならなきゃいけないし、やっぱりあっちゃいけないもんだな、ということをすごく感じました。

中井 自衛隊に入って若干よかった面もあり、一概に悪かったとはいえない、いわゆる規律とか、精神鍛練とかいったことに少しはいい面があったんじゃないか、というようなことをいわれたけど、おれはまったくそんなことはないと思うんだ。内容のない規律なんてものはもちろんのこと、たとえ内容があったって、そもそも規律なんていうものがいいものかどうかということは疑問だと思う。おれにとって自衛隊に入ってよかったなどというものは一つもないわけで、しいてよかったというならば、友だちができたことだ。おれは自衛隊そのものがいやだったから、毎晩外へ遊びにいって飲んでいたわけなんです。そのなかで友だちといろんな話をして、自衛隊員でありながら自衛隊をくそみそに批判する仲間ができたということがすごくよかったと思う。

小西 ぼくはさっき、自衛隊で厳格さとか規律を学んだのは、よかったかもしれないといったけど、たしかにそういわれてみるとそうかもしれない。ぼくは、要するに自衛隊のなかでずっと成長期の大部分を過ごしたから、そこでだけしか過ごしていないから、現在の自分にとって、そこを通ってきたことがよかったと思っているのかもしれない。

ただ、そういった自衛隊内における規律あるいは厳格さということが、いまこの社会の風潮でいいことだというふうにいわれているわけですね。要するに尊敬と服従という精神が、昔から日本ではいいといわれているわけですよ。そのために「自衛隊に入って人間をつくろう」という宣伝が出てくる。こういった問題は、非常に重要だとぼくは思うわけです。要するに尊敬とか服従そのものが体制に組み込まれていくということが非常に重要じゃないかと思うんです。自衛隊に入っていると、そういう尊敬とか服従とかにとらわれてしまって、ぜんぜん自主性のない人間というのが出てくるわけです。とくに一般の隊員というのは、消耗品としか思われていない。つまりロボットにすぎないわけです。ガラクタ機械にしかすぎないのです。機械になりきれない機械ということでガラクタ機械という表現をするのですが、ようするに、帝国主義軍隊が兵士を使っていくためには、兵士を非人間的にしなければいけないのです。つまり兵士を反抗しないような単純なロボットにしないかぎりやっていけない。兵士が人間的な意識というか、そういうふうな自主性を持ち過ぎたとたんに軍隊が崩壊してしまう、という面が多分にあるんですね。

隊員をロボット化する必然性は、やっぱり彼らの軍隊が人民の軍隊でなく、あくまでも一部の人間に牛耳られている軍隊であるということから、出てくると思うんです。しかし一方、社会主義国家の軍隊——これは、人民の軍隊というふうなイメージですけど——人民の軍隊というのは、あくまでも内部における人間一人一人が、自主性を持った人間でなければやっていけない面が、あると思うんです。というのは、人民の軍隊というのはゲリラから出発するわけですよね。そういうゲリラから出発したときの最初の構成からして、人間的な面というのが出てくるんだと思います。ゲリラは、上から構成されてできたんじゃなくて、ほとんど単独で、下からできたために、構成人員が一人一人の主体的な人間性を持っているわけなんです。

中井　おれが自衛隊をやめる契機になったことの一つに、王子野戦病院の闘争がありました。あのときに第何種だがちょっと種類は忘れたんだけども、待機命令が出たわけです。普通科連隊がカーゴ——カーゴってトラックなんですけど——を偽装して、なかに五〇〇人くらいの戦闘服を着て、機関銃や小銃で武装した隊員を乗せて、極秘のうちに十条の駐屯地に待機していたわけです。そのときにおれは、自衛隊の犯罪性といったことをはっきりと感じたので、その情報を隊外の友人にちょっと流していた。そのころからおれは、出てからも闘争をやっていくということを自分なりに明確に確認したわけです。だから、王子の闘争が自分にやはり契機として現れてきたということです。

友好　ぼくが、反権力闘争に参加するようになったのは自衛隊を出てからなんです。ぼくの場合一般の学生とちょっと発想の出発点にズレがあった。だからいまも、闘争に直接参加するのはすごく少ないんだけれども、結局ぼくにとっていちばん大きな問題は、なぜ、どうして自衛隊をなくさなきゃならないのかな、ということです。自衛隊は実際に存在するんだけれども、それがどうしてこういうふうに存在するのか、ということへの疑問から出発して自衛隊をやめ、やめてから発想をし直したわけです。自衛隊にいたときは、学生たちによく「きみは創価学会的発想だ」なんていわれた。創価学会は人間変革の上に立って社会変革するといっていますね。ところが一般に反権力闘争をする人は、ちょうどその逆なんだな。ぼくはちょうどその中間的な発想だったけれども。

小西　ぼくはいままであちこち回っていて、元自衛官で闘争に参加している人にかなり出会いました。彼ら一人ひとりに聞いてみると、彼らは自衛隊員として隊外の人と話したときは、われわれは中立的な考え方だ、ということを強調したという。そして、たとえば学生に対しては、きみらは偏向的な考えを持っていると話していた、というわけです。しかし、隊外に出て、闘争している人たちと接触をしているうちに、ものすごく自分の考えというのが偏向的な考えであるということがわかったというわけです。このあいだ、友人の一人に会ったときにも、自分らの考えがあまりにも偏向的だということを娑婆へ出てはじめて知った、というんですね。ということは、やっぱり自衛隊内部における生活自体に、あまりにも隊外的な接触がないということを裏書きしていると思います。

もちろん、現在の自衛隊が、完全に隔絶した社会であるとはいえません。実際に外出できるし、また新聞や雑誌も入ってきている。しかし、結局隊員たちが社会と接触していても、偏向的な考え方しかできない理由のひとつとして、彼らは実際外部に接触することはするんだけれども、やはり保守的な反動的な人間とだけしか接触しないということが挙げられると思うんです。たとえば、下宿するといっても、社会党の議員の家だとか、反自衛隊の思想を持っている人のところには下宿をしないわけですよ。やはり〝自衛隊さまさま〟というところにしか下宿しないわけです。

あるいはまた、自衛隊基地が存在するところの住民といえば、自衛隊基地の経済で潤っている人たちになるわけですね。だから、自衛隊に少なくとも好感を持っている、あるいはそれ以上の自衛隊支持者、自衛隊協力会とか、そういうふうにかかわっている人たちなんですよね。だから、そこで非常に隔絶されたものが出てくると思うんです。また、自衛隊員は、内部に入ってくる新聞などもあんまり読まないし、雑誌などもほとんど読みません。そういうことも、外部との隔絶を作り出しているといえるでしょうね。

中井　外部との隔絶といえば、結局おれの場合は、私物検査があったわけです。思想的なものを検査するもくろみでやっていたんだろうけれども、そんな面からも社会との隔絶が、たしかに出てくると思うんです。そのときに自分は何も持っていなかったんだけど、それに反発してマルクスを買ってきてわざと置いてみたりした。また、おれは友だちをつくって、ベトナムに関する討論をしたりする中で、集会に私服で行ってみたり、社会でやっているような文学サークルのようなのに出たりして、外部との隔絶を解消していったわけなんだけれど、一般的にいえばそんなことをする人間は少なくて、外部との隔絶はすごく多いと思うんです。

小西　幹部は、一般的に集会とか、デモには絶対近寄るな、といっている。あるいは最近は、ビラも絶対受け取るなとさえいっている。しかし、実際は自衛官でも集会に参加している人もいるし、また街頭署名においても、自衛隊員の署名やカンパが非常に多いと、あちらこちらで聞くね。こういう現象は非常に面白いと思う。

中井　外出教育というので、外出するときに一列に並ばせて注意するんですけど、そのときに、「民青なんかは女の子を使ってくる、自衛隊は男の子ばかりだから女の子にヨワイ、女の子が寄ってきて自衛隊の秘密を聞き出そうとするから気をつけろ」としょっちゅういわれた。

小西　ぼくも上官から「民青というのがあって、ハイキングとか、ピクニックなんかに誘うから絶対参加するな」ということをいわれた。そのころは新左翼というのがあんまりいなかったから、そちらの注意はなかった。

友好　ぼくは、レーダー・サイトに部隊実習に行きましたが、あそこもわりあい宣伝活動が活発で、とくに民青というのがすごく積極的に来ていたみたいでした。あの当時、ぼくは、ちょうど「フロント」の人たちとつき合っていたんですが、自分自身の問題にとらわれていたから、あんまり深くは考えなかったけど、結局、あのときの民青のオルグは、あとになって考えてみると、ぼくにもずいぶん大きくひびいていた、ということを感じます。そ

新隊員の隊歌演習。旧日本軍の軍歌、自衛隊の隊歌を大声で歌う

れでついこのあいだまで、民青が何で悪いんだかピンとこなかったわけです。

3

小西　そこで、隊内における思想教育というのは、いまから考えると何であったか、ということが問題になってくると思うんです。ぼくについていえば、最初、ぜんぜん意識がないときには、自分は現在、思想教育をやられている、ということがはっきりわからなかったわけです。しかし、いまから考えると、あれが思想教育だったとわかるわけです。そういった状況が一般的にかなりあると思います。つまり、隊員たちは、ほんとうに徐々に、徐々に思想教育をいままでやられてきているのに、そしてまた自衛隊にいること自体において、たとえば隊歌演習とかそういうことすべてを通じて思想教育がやられているというのに、そのことがわからないんですね。

友好　ぼくたちの場合の思想教育というのは、昔の人をすごく引合いに出すわけですね。楠正成とか……。だから、思想教育なんだという抵抗を感じないんです。昔のえらい人というのは、小学校、中学校からの教育で習ってますし、そういう下地の上に忠実さとか、忠誠とかに関して、軍人勅諭的なものを表面に出さないかたちで、潜在的に教育されてきたような気がします。

小西　ぼくらの当初の精神教育ですが、毎時間、昔の戦記を聞かせたり、読ませたりする時間、それに教官の体験談をするというのが多かったんです。それで、精神教育の時間にはかならず制服を着る、という規則になっているんです。制服を着てシャンとした服装をして聞くと、きめているわけですね。

教官は、中隊長、大隊長、あるいは隊長、校長といったクラスで、だいたい一尉から空将補ぐらいまで。あるいは国士館大学の田中卓教授とか、源田実とか、最近は今東光とか、石原慎太郎といった、外部の者を講師に呼んだりする場合もあるわけです。

友好　教官は、四〇歳ぐらいの戦前派がかなり多いね。

小西　それで体験談から話し出すというのが多いですね。たとえばぼくの場合、大隊長に渡辺二佐というがっちりしたのがいたわけですけど、自分はどういうふうに戦ったか、そして、自分は陸軍士官学校を卒業して、すぐに軍隊に入って、まだ若僧であったけれども、こういうふうにして部下を指揮し、統率していった、というような具体的な面を通して、戦い方を話すのです。

友好　ある意味では、ぼくたちにとっての管理教育的なことをやっているんですね。現在ＭＴＰ（マネジメント・トレーニング・プログラム）といってますけど、それ以前の準備段階だったんでしょうね。実質的にＭＴＰが始まったのは生徒隊四年生の後半なんです。第一線級の管理者として部下の使い方とかをすごく植えつけられるんです。

中井　陸上自衛隊の精神教育は、いまから考えるとすごく教官たちがへただったなと思います。ブルジョアジーのための教育をするんだったら、もう少しうまい教育の仕方があるだろうと思ったけど。上官たちは、あんまり知識がないと思うんです。たとえば社会主義とか、共産主義を批判するのにも、それを知らなきや批判できないと思うんですが、ただ、ごく一般的に〝いけないんだ〟ということを、すごく低次元でしか語れないわけです。あからさまに、それも作為的にうまくやるんじゃなくて、非常にまずく出してくるから、あんまりその意図が伝わらない、というような感じでした。人によってもまた違うわけで、あからさまに出す人と、それから、いろいろな例を出して、どれがいいかを、明確にしておいて選ばせるような教育をする人と二通りいるわけだけど、いずれにしても、隊員に与えるものはあんまりないと思うわけです。

小西　戦記教育、体験談を通した教育はありましたか。

中井　ありましたね。

小西　いまいわれたように、中井さんが感じられたことは、あなたがすでに社会主義的な思想をもっていたからわかったんじゃないですか。もっていなければ、隊員たちに自然に受けとられるような感じがかなりあると思うんですけど。

友好　小西が自衛隊を出されたということで、ぼくたちの後輩にあたる生徒隊が、現在すごく神経質になっているそうです。外へ出て学生と討論しても負けないように、という意図で防大から教官を呼んで、精神教育をしているということを、このあいだ卒業した後輩から聞きました。そういうことはこわいなという感じがします。

小西　いまの思想教育というのは、とくに一九六〇年代前半の教育というのは、どっちかといったら、反共的愛国心教育というのが中心だったと思うんです。国家主義、民族主義的な教育ですね。たとえば日本民族は優秀であるとか、日本の文化はこれだけ優秀であるというような歴史観にもとづいた教育がかなりあったと思うんです。

しかし最近の教育というのは、それとともに任務至上主義ですか、使命感とも結びつくんですけど、要するに男の生き甲斐は仕事である、われわれはすべての軍事的な仕事に対して、レーダー整備員ならレーダー整備員としてプロでなければならない、といった要素が非常に浸透してきていると思います。

友好　ぼくは、職種がちょうどナイキ（ミサイル関係）だったので、なぜナイキが存在するか、ということを教え込まれました。迎撃洩れした〝敵機〟から首都圏を守るというので、ナイキ基地は首都近辺にあるわけです。習志野、土浦、入間、武山、と四つの中隊があるんです。そうした、ナイキの必要性を教えることに彼らは神経を使っていました。職種自体がエリートだという意識もあったですね。

小西　とくに技術者というんですが、航空自衛隊、陸上自衛隊、海上自衛隊の通信部門では任務至上主義の技術教育から、プロフェッショナルでなければならないといった教育がかなりあるんですけど、その点、陸上自衛隊はちょっと違うと思うんです。たとえば機動隊なんかでは、おれたちがやらなければだれがやるんだ、というような使命感を植え付ける教育をかなりやると思うんですが。

中井　陸上自衛隊の場合は機動隊的な教育をやることはやりますけど、あんまり隊員に浸透はしてない。

友好　浸透してないというより、意識してない、興味がないというか……。

中井　なにしろ一般隊員には使命感なんてほとんどないわけで、自衛隊を利用するというのがすごくあるんです。資格を取って、それを社会に出てから役立てるとか。

友好　漫然としている人が多いね。

中井　だから、みんな隊を出てからのことを、より考えているのであって、自衛隊にずっといて云々、ということを考えている人は少ないと思います。

小西　そういった隊員が実際、戦闘で実際に相手を殺さなければならないというような場面にあったり、あるいはまた、どこか海外派兵して、外国軍隊と戦わなきゃいけないということになってきた場合、いまの自衛隊は戦うと思いますか。そういう命令に服従すると思いますか？

中井　おれは入っていたときに、いざというとき、いまの自衛隊は戦えるか、どのくらい戦うのが残るかということをやっぱり考えたんです。そんなとき、新聞の世論調査があったんだけど、その世論調査では、そんなとき自衛隊員の大半はやめていくだろうという答えが出ていたと思います。

友好　ぼくは、自衛隊員は意外と冷淡にやってしまうと思うんだ。ただ自衛隊にいるということだけで、学生が来れば撃つ。すごく単純だと思う。実際に民青が来るというので、警備の配置についたときでも、彼らはすごく感情的には興奮していた。実際ああいうのを見ると、これじゃやりかねないなと思いました。それどころか、訓練で同じ隊員同士が「敵」、「味方」になった場合でも、エキサイトしてやる。自衛隊のそういうところがまさにこわい。

中井　たとえば一九六九年の〝四・二八闘争〟で防衛庁に学生が入ってから防衛庁の警備がすごくきびしくなりました。ああいうことが続くと、ものすごく彼らにとっての「教育」となっていく。そういう「教育」で、規律とか思想教育を厳しくしていくのは簡単じゃないかと思うんです。機動隊なんか見ればわかるけど、隊員に対して使命感を植えつけるのは、短期間にできるんじゃないか、という気がしました。

小西　内部における思想教育が、どれだけ貫徹しているかということは実際やってみなければわからないことですが、だけど、やっぱり現在の合理的な人間だったら、個人の利益、それを最初にとらえるんじゃないでしょうか。それが問題だと思います。いま人を殺すのはいやだから十分に安全な逃げ道があれば逃げる。しかし、逃げたら懲役十年、あるいは銃殺、という状況になれば逃げないで、命令に服従する、というのがかなり出てくると思うんです。つまり個人の利害がかなり影響してくると思います。結局だいたい、いま自衛隊の風潮として、一般の兵隊なんかサラリーマン的でもいいいんだ。幹部クラスと、曹クラスさえしっかりしていれば、あとはどうでもいいいんだ。彼らはロボットと同じで、消耗品に過ぎないから、命令下せば動くんだ、というのが圧倒的ですね。

友好　自衛隊もピラミッドなんですよ。そういう組織というのが、こわいんですよ。右向けといえばいつの間にか右を向くようなムードでしょう。

小西　思想教育の重要性は、やはり自衛隊員と機動隊員の違いというのが、非常に出てくるところにありますね。現在、機動隊員は、反体制勢力に対して、非常に反発する。思想教育を徹底的にやられているから、彼らは、もし銃を手にしたらたぶっ殺しちゃうだろう、これははっきりいえるんです。機動隊員と比較して自衛隊員の場合はどうでしょうか。

中井　機動隊というのは、やっぱり自分の職業として選択してから、入ると思うんです。つまり覚悟のうえで入っているから、自分自身の疑問なんてあんまり持たないと思うんです。自衛隊員というのは、そこまでいってないと思います。それよりも自分の方向性を見出そうとすることのほうが主だから、機動隊のように強固にはならないんじゃないでしょうか。

友好　ぼくは、このままいけば自衛隊も機動隊以上になると思うんです。結局自衛官は何といってもプロだし……。

小西　そこなんですよ。機動隊も、自衛隊も本質的には変わりないんです。ただ違うのは兵器だけなんです。機動隊の受ける思想教育と、自衛隊の受ける思想教育はほとんど同一です。にもかかわらず、機動隊のほうがあれだけ意志堅固になったのは、やはり段階的な訓練のためだと思います。機動隊員はまず最初、簡単なデモの取締りに行き、ついで警棒をもつ。それから徐々にガス弾をもつ。最近はすでにライフル銃が少しずつ出てきました。全国に二〇名配備してるんですよ。このように武器の段階的な拡大と、それと並行した形での思想教育の強化によって、意志堅固になっていくと思うんです。

ところが、自衛隊員はちがうんです。権力側は自衛隊を六〇年安保のときも出動させませんでした。つまり自衛隊が出動するときの、その目的は反体制側を完全に抹殺し、粉砕することにあるんです。だから、警棒なんかじゃなくて、実弾もって、銃剣つけて出動するんだと、権力側は常に主張するわけです。機動隊のように段階をふまず、突然最大限の武力を行使するところに、自衛隊と機動隊の違いがあると思うんです。だけど、突如自衛隊が最大の武力を行使しようとしても、権力側の支配がどこまで貫徹されているかは、その出動の時点まで未知数なわけです。それで、ぼくは、そういう状況になったとき、自衛隊そのものが崩壊するんじゃないかと思うんですが……。さらにつけ加えるならば、もう一つの大きな相違点は、自衛隊は対外的な、外国の侵略に対処するという任務が主であり、国を守るという大義をもっているという面もありますが、それをのぞけば、本質的には、自衛隊も機動隊もなんら変わりはないわけです。

そこで、そういう自衛隊のなかにいて、自分がはたして何をやればよかったか、また今後、自衛隊内部の一般の隊員、あるいは反戦的な意識を持っている隊員はどうすべきかという問題が出てきますね。

4

中井　おれ自身のことをいえば、自衛隊のなかで闘うという気持はぜんぜんありませんでした。闘うとすれば出て闘うと思っていたわけで、内部で闘うということは小西さんが出るまでは思っていなかった。だから、自衛隊のなかにいたときには、革命戦略云々なんて意識もぜんぜんなかったし、友だち同士でいろいろな話はしたけど、なかで反乱起こすとか、友だちに情宣活動やっていくとかいう意識はほとんどありませんでした。だけど小西さんの問題を自分の問題としてとらえ返してみたとき、自衛隊の内部でなんらかの活動ができたんじゃないか、といまは思っています。

小西　無意識的な隊員やまた、現在闘いつつある意識のある隊員に対しては、何を要望しますか。

中井　檻のなかに入れられている人間に対して、おれたちの作り出していく檻の外の世界を示していくことがすごくだいじじゃないかと思う。つまり、ただたんに闘いに起ちあがろうと呼びかけるんじゃなくて、檻の外の自由・闘いの自由を示すことによって、おれたちはいちばん下層階級で、抑圧され、搾取されているんだということを、実感として情宣していくことがたいせつだと思うんだ。はっきりしたイメージは浮かばないですけど、隊員たちは、とにかくすごく檻の中での不満を持っているから、下地というものがあると思うんです。それに、彼らのなかには社会の下層だという不満がすごくあるから、おれたちのやっていることを情宣していけば、かならず獲得できると思うんです。

友好　ぼくはやっぱり内部から切りくずしていくのがいちばんいいと思う。多少意識している人もかなりいるし、そういう人から徐々に浸透していくのがいちばんいい形だと思う。ぼくたちが現職の自衛官と対話をしても、ちょっとした感情的なことで、彼らはぼくらに対してすごい反発を感じてしまうのです。だから隊員同士の対話ということがたいせつだと思う。すべてとらえ直してみる必要があるんじゃないか。

中井　ただ、内部の完全な活動はできないと思うんだ。

友好　公然じゃなくても、対話という形でもいいんだ。たとえば、テレビ見て、話しあったりしていくうちに、数人でもグループができれば、そうとうちがってくると思うんです。下地をもっている人はかなり多いしね。

中井　おれはいま外にいるから、外からのことを考えるけど、大学の通信教育受けてる人や、大学夜間部に入ってる人がすごく多いわけでしょう。そういう人たちに対して、ただ単に闘争に加われといったんでは、彼らはかなりの反発を示す。そこで、サークルでもなんでもいいから、彼らが興味を示すものを軸として結集させていくことによって、いろいろな問題を討論していくというのが、やめた隊員にとって可能なことじゃないかと思うんです。つまり一つの結集軸をつくっておいて、そこからいろいろな討論を進展させるという形ですね。

小西　隊員たちの反発にはパターンがあって、一つは感情的な反発ですね。闘争をやっている学生に対して、「彼らはヒマだから、あんなことしかやらない」と思いこんでいる。断絶してるんです……。

友好　とにかく闘争やっている学生は悪いと思い込んでいる人たちが、たくさんいますね。くわしく説明して、権力のほうがよくないんだといっても、彼らはなんとなく感情としてふっきれないわけです。「しかし……」という気持があるのです。だから情宣やっても、相当時間がかかるだろうと思います。

中井　運動に参加する場合、はじめから強固な思想性を持ってる人はいないわけです。だからきっかけは感情的なものでも、同情的なものでもいいと思うんです。この前の〝叛軍行動委員会〟のとき、べ平連の闘争形態とおれたちのいまもっている意識の違いをはっきりと打ち出していかなくちゃいけないということが、主張されたけど、おれはべ平連的な闘争でもいいと思うんです。自衛隊員は搾取され、抑圧されているのだから、暴力革命でなければ局面が打開できないという説得のしかたじゃなくて、ベトナム戦争から入るのでもいいと思うんです。きみたち自身がベトナム戦争を内において支援してきているんだといったことから、きみにできる行動をやっていくべきだというような形から出発するほうがいいと思うんです。ふつうの隊員が、もし闘争やるとすればそんな形がいいのじゃないでしょうか。

4　さまざまな反自衛隊闘争の出発

私が隊内に「アンチ安保」やステッカーをはり出したときからくらべると、今日の叛軍闘争はまず、その量的拡大という点で、大きく進歩してきた。

七〇年代の政治状況は、六〇年代のそれとは明らかにことなり、自衛隊すなわち軍隊のもつ意味だけをとってみても、その存在と行動が現実政治のうえで、日本帝国主義の海外進出というかたちでプログラムにのっていることは明白なのだから。

としたとき、これまで限られた裁判闘争——それはすべて違憲論争というかたちだった——のワクのなかだけでしか問題とされてこなかった自衛隊に対する闘争が、七〇年代の初頭に遅まきながらでも全体的な闘争として開始されたという点において、その闘争が全体的なものとしてであればいっそう、質的浄化をともなわずに闘われることはないであろう。

「アンチ安保」やステッカーをはり出してから今日までの叛軍闘争は、それらの不明な点や不満な箇所を浄化させつつ、全国各地にひろがってきたといえる。叛軍闘争へのかかわり方は、それぞれの場所、それぞれの環境、各個人の思想によっていくらかはちがうであろうが、大きな原理の点で、また方向性の点で一致していなければならない。

一九六九年の一一月から今日までの、叛軍闘争についての、あるいはもっと個別的には、私の裁判闘争についての考え方のなかに、戦後、反自衛隊闘争がなかったこと、あるいはあっても小さなものでしかなかったことの不幸が尾をひいていたことを、残念ながら、見ないわけにはいかないだろう。がしかし、資料を通じてこれまで展開されてきた叛軍闘争の現実をみてみよう。

（1）日本社会党

〈自衛隊員の反戦運動を激励する〉

航空自衛隊佐渡分とん基地所属の小西三等空曹は、反戦ビラを配布したという理由で不当に逮捕され、十一月十五日付で「徴戒免職処分」に付された。わが党は、小西三等空曹の勇気ある行為に心からの敬意と支持を表明し、当局の不当な弾圧に抗議する。
（一）自衛隊は、日本国憲法に違反し日米共同作戦のもとに、内にあっては人民の闘争を抑圧し、外にむかってはアジア侵略を任務とする最大の暴力装置である。
（一）いかなる団体組織に所属しようとも言論、集会、結社の自由および基本的人権は尊重され、保証されるものであり、ましてや憲法違反の自衛隊法によってこの権利を抑圧することは許されない。
（一）政府は、すでに安保闘争を弾圧するため、治安出動を具体的に計画し、演習を実施している。いま安保廃棄を闘う人民の闘争の高揚にともない、自衛隊の中に反戦運動のおこるのは当然であり、米軍内にも反戦闘争が広く深く展開されているのである。
（一）日米の支配層に奉仕し、日本人民に敵対することを拒否する自衛隊員が、今後続出することは当然であり、わが党はこの機会に多くの自衛隊員諸君が、自己の権利を守ってわれわれとともにたちあがられるよう期待するものである。

一九六九年十一月二十二日

日本社会党　国民運動局長　伊藤　茂

〈反戦運動は自由だ！〉

労働者・農民・市民・学生の皆さん！

新潟地方検察庁は、最高検の了承のもとに反戦ビラをまいた佐渡の航空自衛隊員小西誠君を不当にも自衛隊法違反の容疑で逮捕、二十二日起訴しました。

――小西自衛隊員は信念をもって反戦ビラをまいた――

小西君は、同僚の自衛隊員に反安保・反戦・10・21反戦闘争の重要性を訴えるため、百枚の反戦ビラを手渡し、佐渡郡金井町の電柱にはりました。また十月十八日に予定されていた治安訓練を拒否しました。このため新潟地方検察庁は十一月一日逮捕し、三日ヘリコプターで新潟刑務所へ護送、十五日小西君を懲戒免職処分にしました。

しかし、もともと自衛隊は戦力を放棄した日本国憲法第九条違反ですから、違憲の自衛隊法で小西君の反戦平和活動をとりしまることはできません。小西君の信念通り自衛隊員の反戦活動は自由であり、基本的人権の一つであり、誰にも文句をいわれる筋合はないのです。

私は最後まで闘う

皆さん！　反戦自衛隊員小西誠君は、次のように訴え、あなたの協力を求めています。

「私は、宮崎の一中学卒業後、今まで六年間航空自衛隊につとめてきました。しかし自衛隊は国民の真の味方ではなく、敵であり不正・腐敗・矛盾にみちています。

私は、反戦平和・反安保という自分の良心と思想にもとづいて、自信と勇気をもって同僚の隊員に反戦ビラをくばりました。同僚は私の反戦活動に共鳴してくれ、私を差別せず自衛隊の治安訓練に疑問をもっています。

私は、最後まで闘います。

私の闘いを援助してくれる人は誰でも結構ですからよろしくお願いします。」（21・22日の弁護士の接見発表内容より）

闘いの重要性を認識して行動をおこそう！


皆さん！　事は重大です。

小西自衛官は、自分の生命をかけて街頭ではなく国家権力の中枢＝自衛隊という軍隊の中で、反戦兵士として反戦活動に従事してきました。

この闘いは、佐藤自民党政府・独占資本にとっては致命的な打撃であり、将棋でいえば「王手」です。

ところが、一部の人々は、小西君は「トロツキスト」の影響をうけているという憶測で事の重大性を認識しようとしません。私達は、日本人民の歴史に汚点を残してはなりません。

近づくファシズムに決定的な反撃を組織するため全力をあげてこの闘いにたちあがろう。

日本社会党新潟総支部

〈小西叛軍裁判闘争支援要請の申入れ〉

日本社会党新潟総支部青年党員会議は、二月五日、県職労会館同和荘で小西元三曹の叛軍闘争支援問題について討議した結果、彼の勇気ある行為を支持し、連帯することをきめた。

一、自衛隊は、日本国憲法に違反し、日米共同作戦のもとに内にあっては人民の闘争を抑圧し、外に向かってはアジア侵略を任務とする最大の暴力装置であり、現在この中に一番くいこんでいるのはエセ革新勢力の公明党――創価学会である。

一、社会主義革命を平和的に遂行しようとする日本社会党は小西元三曹の提起した平和革命における軍事問題を決して回避すべきでない。

一、この軍事問題は、小西元三曹のいう従来の革新勢力から見捨てられていた貧農・半プロ階級出身者によってはじめて提起されたものであり彼の出身階層が示すように現在の自衛隊の大部分は農村出身者であり、貧農の息子である。

一、それゆえこの小西事件は、われわれ社会党にとっては党の再生の核心問題である。

一、われわれは、この事件は昨年十一月二十二日発表された社会党国民運動局長談話〝自衛隊が反戦でなぜ悪い！　平和運動は自由だ〟の線でたたかうべきであると思う。

一、「第二、第三の小西を！」というセクトもあるが、誰でも英雄になれるわけではない。

一、われわれと他の諸団体との意見の相違は、運動の中で克服され、路線の正誤は大衆の判断にゆだねられるべきものであり、日本共産党のように自分と意見を異にする団体を最初から排除するのは正しくない。
一、小西君の裁判闘争は、大衆的に展開されるべきものであり、裁判闘争を大衆闘争の〝テコ〟として有効に組織するために社会党県本部は県評、日農、社青同、反安保実行委、県反戦青年委など党をとりまく民主団体と協議して小西君のたたかいを支援し、連帯する実行委員会をつくり、指導部として正しい方針を提起し、地道なたたかいを展開すべきである。一時的カンパニヤ運動におわらせてはならないことを附記し申し入れます。

一九七〇年二月六日

日本社会党新潟総支部
青年党員会議

日本社会党新潟県本部　殿

(2)「第二、第三の小西を！　行動委員会」の発足

行動委員会という形式による叛軍闘争が始まったのは、一九六九年一二月二一日の新潟での、「第二、第三の小西を！　新潟行動委員会」が最初である。それにつづいて一二月二八日に、「第二、第三の小西を！　東京行動委員会」が結成された。それ以後、全国各地にこの行動委員会は結成され、その数は一九七〇年六月現在で二〇にのぼっている。

この行動委員会に結集しているのは、反戦青年委員会、全共闘、ベ平連、それに私が法政大学の通信教育を受けていたときの友人たちがつくっている全通闘（全国通信教育闘争委員会）などの労働者、学生、市民たちである。

〈第二、第三……無数の小西を！〉

あらゆるところに「第二、第三の小西を！　行動委」を創出し、共に闘おう。

「制服を着て、あくまで自衛隊員として、自衛隊の内部」で闘いを開始することによって小西君が私達につきつけたものは一体何だったのだろうか？

「覆面を着けて、ヘルメットをかぶって街頭では戦闘的に闘うけれど、職場へ帰ったら何もできない」というかつての私達の闘いが六〇年代の闘いのパターンを象徴しているとするならば、小西君の闘いは、まぎれもなく、きたるべき七〇年代の闘いの質を内に孕んだものであったということができるだろう。常に非合法に活動しなければならない時代を目前にして、まさしく祈りのような姿勢で未来の明るさを凝視しつづけることを、私達が決意するならば、私達は、最早、「帰ることのできる闘い」を自ら拒否してゆかなければならない。

「自己の内なる小西」を急いで成長させることを原則に、そして「支援から連帯へ！」を合言葉に「第二、第三の小西を！　東京行動委」は結成された。私達は「第二、第三の小西」を展望し、終局的には、自衛隊を解体させるものとして、次のような活動方針をたてている。

①自衛隊基地のある、あらゆる地域に連絡会議を創出し、自衛隊員の反戦活動を組織的に保障し、

防衛する。

②裁判闘争を単に護憲運動（平和憲法を守れ）として闘うのではなく裁判闘争を通して自衛隊の実態を告発し権力の組織する帝国主義軍隊と人民の武装という本質的な課題を階級的視点から明らかにしてゆく。

③基地内外のあらゆるところでのビラまきを貫徹し、デモ、集会を繰り返す、その他、自衛隊を解体させるためのあらゆる行動を行う。

④第一回公判には現地新潟に総結集し裁判所傍聴席、裁判所前街頭を総占拠する。

⑤小西君の闘いを受けとめ、学園、職場、地域あらゆる地点に、第二、第三……無数の「小西」を生み出す。

（付）現在、新潟、仙台、大阪、広島、山口、徳島……に、全通闘・反戦・全共闘・べ平連の学生・労働者市民を軸に、「第二、第三の小西を！」の行動委員会が発足している。

「第二、第三の小西を！　東京行動委員会」

（3）叛軍機関紙『整列ヤスメ』

自衛隊内で叛軍をめざす隊員たちによって、一九七〇年五月、『整列ヤスメ』という新聞が発刊された。叛軍をめざす闘争が、隊外での闘争だけでなく、いやそれ以上に、隊内でおこることが、これからの叛軍闘争をすすめていくうえできわめて重要であることを考えるとき、この『整列ヤスメ』こそは、私が待ち望んでいたものであった。

「アンチ安保」がガリ版刷りのわら半紙であったのに対し、『整列ヤスメ』は活版刷りのタブロイド版である。このちがいが物語ることは、私が多くの共鳴者を得ながらも、ついにはひとりで行動をおこさなければならなかったのに対し、この『整列ヤスメ』に参加している隊員たちは、すでに多くの仲間を得ているということである。

この新聞を出しているのは、自衛隊員を中心につくられた「隊友社」である。

（連絡先・東京都新宿区神楽坂６・44　石井ビル気付）

この新聞の巻頭にある「自衛官諸君へ！」と、いわばこの新聞がめざす十項目のスローガンを見てみよう。

一、一般隊員は次の当然の要求をかちとろう！

・外出中の私服着用をかちとれ！

・規律の制定権をかちとろう！

・夜勤手当の支給をかちとろう！

・外出・外泊の自由をかちとろう！

二、政治活動、表現の自由を行使しよう

自衛官組合を組織し、団結権、団体交渉権をかちとろう！

三、不当な命令に対する拒否権を行使しよう！

四、隊員の規律違反処分にたいする我々の参加を！
五、日常生活における士・曹・幹部の差別をなくせ！　思想・信条・出身等による差別をなくせ！
六、我々に人間としての完全な権利を！
七、徹底した隊内の民主化を！
八、我々は働く同志に銃を向けない！　治安出動訓練反対！
九、七二年沖縄派遣、海外出動反対！
十、我々の兄弟、労働者・農民の闘いに共に起ちあがろう！

自衛隊解体をめざすさまざまな動きが、一九七〇年に入って急激に盛んになってきていることは、総体としての日本帝国主義を打倒する上で、きわめて重要なことである。

まだもちろん、これらの活動はさまざまな困難を乗りこえねばならないにしても、その困難を克服すべくスタートしたこの活動は、これからも休みなくつづけられることによって、大きな成果を生むであろう。

V

叛軍宣言——全自衛隊員へのアピール

☆これが自衛隊だ

昭和二五年八月一〇日、朝鮮戦争を背景に、にわかに警察予備隊が誕生した。それは警察予備隊といっても、小銃や機関銃を装備した武装集団であった。いうまでもなく、これが自衛隊の前身である。――天皇制軍隊が解体され、非武装中立を唱えてからまだ五年も経過していなかった。二七年一〇月には保安隊に改組され、そして、二九年六月には防衛庁・自衛隊に改組され、陸海空、三軍編成も完了し、はっきりとした〝軍隊〟として天下に名乗りをあげた。

この軍隊の任務は当初においては、警察予備隊令第一条にもみられるように朝鮮戦争勃発における、国内の治安維持が目的であった。すなわち、現行自衛隊法で規定するところの〝間接侵略〟に対処するためであったのである。すなわち、この軍隊の最大の任務は、朝鮮半島の第一線で戦う米軍の後方兵站線の秩序と安全を確保するための、必要かつ不可欠な戦略的要素をもっていたのである。

また、それとともに、この軍隊は、〝国連軍〟の予備軍としての役割も重要であった。朝鮮戦争勃発以前の、冷戦が激化しはじめた昭和二二年末ごろから、米政府は冷戦のワク内で対日政策を考えるようになり、まず、太平洋と米本土の安全のため、アジアの反共体制の〝キー・ストーン〟として「ソ連封じ込め」の一環を日本に担わそうとしたのである。

それは、昭和二六年の対日講和条約、日米安全保障条約の調印のころから次第にはっきりとしてきた。

こうして、警察予備隊——保安隊——自衛隊と改組され、増強され続けて、今日では世界第七位の「戦力」をもつ自衛隊は、人民の批判をしりめに、まさしく憲法をいく度ものりこえて拡大強化されつつある。第三次防衛力整備計画、第四次防衛力整備計画は、この戦力の新たな再編強化として、すなわち、日本帝国主義のアジア侵略に耐えうるような戦力の確保を目ざして行われることはあきらかである。

昭和四四年三月現在、陸海空自衛隊、総計二五万八〇〇〇人、これに三万五〇〇〇人の予備自衛官（予備役）が存在している。この定員の充足率は現在八五%と極端に悪い。だが、三次防から四次防、そして七二年からの沖縄派遣、さらに自主防衛体制への移行による在日米軍基地の肩代りへと、その兵員は多大の増強をせまられている。

しかし、一方では「高度経済成長」のもとでの隊員募集は容易でない。ひところは上野駅周辺でルンペン《（ママ）》のかき集めまで行っていたが、それにも限界がきて、最近では、職業安定所に窓口を設け、募集員を常駐させたり、またそのような募集員でない一般の隊員をも帰郷広報という形で郷里に帰し、知人、親戚、あるいは出身母校をかけまわらせたり、あらゆる手段をとっているが、企業と自衛隊が労働力の引っぱりあいを行っている現実では、いかんともしがたい。

また、隊員不足の原因の一つとして除隊者の激増があげられる。たとえば、航空自衛隊では毎年数千人が入隊するが、その九〇％は三年満期でやめてしまう。この除隊の原因は、ほとんどが「おもしろくない」からである。それはそうかもしれない。はじめはある程度の純粋さをもって入隊した隊員も、予想と現実のズレにいや気がさすのだろう。

それとともにこの除隊者の激増は、平時における志願制軍隊のもつ大きな悩みでもある。すなわち、平時においては、必然的に正確なピラミッドができにくいのである。

これが隊員、とくに下級の隊員の進級率に大きくひびき、大きな不満となり、また除隊の原因となるのであろう。例をあげると、五、六年前なら、入隊して二、三年で下士官に昇任したが、現状では七ないし八年の時期が必要となってきている。このような状況において、七〇年代の自衛隊はさらに増強を続行しようとしているが、この打開の道はとりもなおさず、一般国民に対する国防教育の徹底した強化として表れてくるだろう。

ホヤホヤの新隊員には中隊長が自衛隊の使命をスライドを使って教える。講義だと、ちょっと退屈すると遠慮なしに居眠りするから、もっぱら視聴覚教育にたよるのである。たとえば、スライドでベトナムの惨状を次々と映し出しながら説明する。

「わが国が、こんな姿になってはいかんだろう。だから自衛隊は平和と独立を守り、それを侵すものには、断固として立ち上がらねばならん」

「自衛隊の使命は、直接及び間接の侵略を未然に防止し……わかるかな、これは。間接侵略、たとえば、上の子が、ほしいものがあるときに、下の子に入れ知恵しておねだりさせる、これが間接侵略だ」

あまり反応がない。中隊長はいくぶん、てれたようす。

新隊員の感想は――「もっともきらいなのは精神教育だ。押しつけがましい。こんなものは自分自身で学びとるもので教えられるものではないと思う」

「私も祖国に誇りを感じ、愛しているけれども、幹部のコチコチ固まった言葉には反発を感じた、とてもついていけないような気がした」（毎日新聞社編『素顔の自衛隊』）

ざっといってこれが昨年の一一月までの隊内の精神教育であり、隊員の意識である。これに対して、ある人はなかなか民主化されていて、いいという。

しかし、この状態がはたしてそう長く続くだろうか？

いまさら、戦前の天皇制軍隊の例をもちだす必要はない。現在の時点においては隊員不足を解消するため、やむをえず隊内の規律の弛緩を許してはいるが（規律を強化すると退職してしまうため）、いざ、防衛、治安出動ともなれば、徹底した隊内軍国主義が復活するのは、ブルジョア軍隊、天皇制軍隊を問わずもっている宿命である。

階級社会における軍隊は、当然にその内部にも階級闘争を誘発させる。であるならば、支配者はどのようにその内部矛盾の解決をはかるか？　支配者は兵士に対する不信を自己解消する道を、もっと非民主的に、もっと非人間的な軍規の確立に求めるのは当然の帰結でもあるだろう。

天皇制軍隊が天皇への忠誠を誓わせ、上下の区別、軍隊内階級の秩序化、すなわち、徹底した差別構造を形成していったことは、あまりにも有名である。上等兵は一等兵、二等兵を、牛馬のように私用にこきつかう。私的暴力は絶対的権威のために黙認され、かつ必要とされる。このようなことは結論として、部落出身兵士差別の問題をもはらむのである。


しからば現在のブルジョア軍隊――自衛隊は、何をもって階級的矛盾の解消をはかろうとするか。それは、まさしく「新しい愛国心」の注入にほかならないだろう。「反共」「自由を守る」「平和と民主主義を守る」など。

それと同時に、天皇制軍隊と同様に、まさに軍隊内の徹底した差別構造の形成が現れてくる。絶対的服従の精神がたたきこまれ、黙認された形の私的制裁が公認され、兵士のあらゆる個性を抹殺し、自主性を剥奪することに主力が注がれてくる。すなわち、ロボットとしての、機械としての存在のみしか与えられないのである。

現在の政府、ブルジョアジーの要求は、まさにここにあるのである。いかなる命令にもいささかも疑うことなしに忠実に従うことのできる人間、いや、ロボットとしての存在のみが〝優秀な兵士〟たりうるのである。

だが、このような隊内的軍国主義は、はたして可能だろうか。

「平和と民主主義」という幻想のなかで育った自衛隊員を、〝軍人〟として育てあげることはブルジョアジーにとっても至難である。隊内的規律の強化のみでは軍人は育てあげられない。すなわち、ブルジョアジーにとっていま、もっとも必要なのは、〝兵士の社会に還る道〟を断つことにほかならない。

このことは社会総体の軍国主義化、すなわち、社会そのものを兵営化し、監獄化し、人民そのものを、奴隷化する方向として表れてくる。そのことをもって、自衛隊の戦力の強化――隊員の獲得をも保障されるし、隊員の〝軍人〟としての存在も可能となってくるのである。

現在、日本帝国主義のもっとも根本的課題は、ここにおいているといっても過言ではない。一九七〇年三月の、自主防衛五原則と同時に、防衛庁長官中曽根康弘が打ち出してきた国防教育の強化――とくに小・中・高等学校における国防教育は、このことの表れである。

日本帝国主義が帝国主義である以上、一般的にはみずからの海外権益を、みずからの力で防衛するために、自前の独立した、十分な軍事力への願望がたかまることは避けられない。また、それを保障し、そこへ駆り立てるための強権的政治支配体制の確立、そして侵略的、ナショナル・コンセンサス（国民的合意）が必要となることは論をまたない。

このように現在、隊内的軍国主義と隊外的軍国主義、社会総体の軍国主義化は、同時に並行して進められているのであるが、われわれがそれを粉砕していく闘いもまた構築していかねばならない。合理化、労務管理の強化、学校教育における国防教育の強化、さらに入管法体制など数えあげたらきりがない。

そして、軍国主義化の完成のあかつきには当然でてくるであろう、自衛隊の法制的強化、すなわち、憲法改悪、軍法会議の設置、各種民間からの徴用・徴発法の制定、さらに徴兵制が現実的に、日程にのぼってくるであろう。

戦後二〇年間、一貫して左翼総体から「私生児」として位置づけられ、拒否されてきた自衛隊が、七〇年代に入り、いまや、ブルジョアジーの期待を一身に担い、大きくはばたこうとしている。一九六九年、沖縄返還のとりつけとして出されてきた日米共同声明、それにともなう沖縄共同防衛体制の確立、日本帝国主義のアジア進出として当然に不可欠な条件として出されてくる自主防衛体制への移行、すなわち自衛隊の再編強化は着々と進められつつある。

ベトナム戦争での敗北、ドル危機とつながるアメリカ帝国主義のアジアからの必然的後退は、そのアジアの憲兵としてのみずからの地位を日本帝国主義に譲り渡さざるをえなかった。沖縄の帝国主義的返還をとりきめた日本帝国主義は、南朝鮮、台湾そしてマラッカ海峡をも生命線とし、沖縄を基軸に東南アジアへ軍事的に乗り出そうとしている。

ちょうど天皇制ファシズムが、侵略のための生命線を前段階的に引いたように経済的支配力を維持するためには、全東南アジアに常に軍事基地と各種兵器を配置する態勢を確立しておくことは帝国主義にとって必須である。すなわち、「武力による富の防衛」は彼らにとって決定的に重要となってくるのである。四次防から五次防にかけての自主防衛体制は、まさにこのことの要求として表れてくるだろう。

六七年の「一〇・八羽田闘争」以来の急進的大衆闘争のエネルギーは、あらゆる地域に、階層に、闘う仲間を創りだしていくという、歴史的成果をもたらした。王子野戦病院、新宿米タン闘争、そして六九年の「四・二八」、「一〇・二一」闘争とつながる革命的左翼の闘いは、まさにこのことを実証しているであろう。

しかし、このような佐藤訪米阻止闘争を頂点とする日本全土にわたる労働者・学生の総叛乱は、その闘いのなかから必然的に一つの「壁」にぶつからざるをえなかった。それはまた、六七年〜六九年の過程ですでに準備された「壁」でもあった。

これまでの階級情勢を切り拓いてきたものが、まぎれもなくこの革命的左翼の闘いであるにしても、それは巨大な歴史過程のなかで、ほとんどプロローグを準備したにすぎなかった。すなわち、われわれが現在意識する「壁」は、あの羽田闘争以来の革命的左翼の爆発的闘いが、プロレタリア権力樹立を現実の過程に引きあげていくさい、必然的に直面せざるをえなかった「壁」であったのである。だが、われわれは、この壁を「街頭か、生産原点か」と二元論的に問題をたてることによって客観主義的に解消してはならない。

われわれは、六七年からの闘いの「階級闘争としての質」を、現実のダイナミックな歴史過程のなかに問い、ブルジョアジー、スターリニストの反革命の武装に、プロレタリア独裁の思想性に貫徹された革命の武装――人民の武装を対置し、ベトナムから朝鮮そして沖縄と国境を越えて北上するアジア人民の解放闘争に、日本帝国全土の総叛乱を結合させ一体化していくことによって、この直面する「壁」を突破し、粉砕していく闘いを構築していく必要があるであろう。その「壁」の突破はいかにして可能なのか？

とりあえずわれわれは、日本帝国主義を支える常備的暴力装置として存在する三大勢力――警察（機動隊）、自衛隊および安保体制のもとで公然と日本国内の治安維持にも参加してくる在日米軍を相対的に相互の関連においてとらえる必要があるであろう。なぜなら、たとえわれわれが、機動隊の壁をわれわれの武装でもって突破したとしても、当然に、その後に控える最大の暴力装置――軍隊――を突破することは不可能に近いから。

すなわち、われわれは、われわれが機動隊の壁を突破したときには、次にくるもの、軍隊との衝突を予想しなければならない。

われわれが単純に軍隊との衝突を考えていたならば、われわれは重大な誤りをおかすだろう。今日における軍隊――それはとりもなおさず戦闘集団である――は、たとえサラリーマン自衛隊などとわれわれ人民の側から呼ばれていようとも、権力者の統制、支配の貫徹の如何によっては十分に機能しうる。

かかることを認識して考えるなら、われわれは、軍隊との衝突、内戦への移行を考える前に、必然的に軍隊内部での解体をあらかじめ進行しておく必要があろう。一揆的闘いに終わらせないために。

☆すべての自衛隊員はわれわれの隊列に！

いうまでもなく「第二、第三の小西を！　行動委員会」の運動は、従来の運動とはちがう側面をもっている。第九条違反だから、税金泥棒だ、「私生児」だ、というのでもなければ、自衛隊解体と叫んで、たんに自衛隊に突入していくのでもない。

二重の側面を持っている。隊内に向けての叛軍闘争、隊外、すなわち大衆へ向けての叛軍闘争。もっとも、「行動委」の運動は主として隊内における叛軍闘争である。内部における、反戦叛軍組織の建設である。〝すべての自衛隊員をわれわれの隊列へ〟のスローガンのもとに。

もっとも、「すべてを」という幻想をもっているわけではない。だが、内部における組織の拡大は、とりもなおさず、敵武力装置の弱体化をひきおこす。われわれの軍事的側面の拡大強化に反比例して。

大衆への叛軍闘争とは、叛軍闘争、反自衛隊闘争への大衆の結集である。とくに、今日において、自衛隊そのものの宣伝がいきわたり、「国民的合意」を得つつある状況では、非常に重要である。

七〇年代の自衛隊の動向に、大衆は非常に興味を持っている。ほとんど毎日のように、防衛庁長官中曽根康弘の提案発言が、新聞紙上をにぎわしているのは、大衆の不安の姿かもしれない。

三次防の飛躍的増強は、大衆運動を少なからず、もりあげた。長沼ミサイル基地設置阻止闘争を皮切りに、岐阜県の各務原でも、滋賀県の相馬野でもミサイル基地反対運動が起こった。さらに、小樽市では余市の魚雷艇基地の、飯塚ではホーク・ミサイル基地の、津山市では日本原基地の反対運動へと発展した。さらに立川基地の自衛隊移管阻止の闘いが、北富士、三里塚の闘いが、進歩的人民の決起をうながした。

確認しておかなければいけないのは、このような大衆の叛軍闘争への結集をも、明確に「自衛隊員の獲得」を打ち出していくべきであろう。

叛軍闘争は困難である。米軍内部における反戦叛軍運動も、あまり、参考にはならない。なぜなら米軍においては、あるいはロシア革命においても、大半は、えん戦から起こりえた。また、徴兵制をしいていることは、いろいろな思想の者が入隊し、叛軍闘争の契機になる。

が、自衛隊はこのような状況ではない。いつでも除隊できる――七〇年代はそうでないと考えられるが――ことが、叛軍闘争の困難性である（もっとも除隊をすすめるのも自衛隊解体の一助である）。

現在まで、どれだけ多くの隊員が〝叛乱〟でなく〝逃亡〟の道を選んだことか。私が接触した部分でも、かなりの者が、転向し、妥協し、除隊していった。

であるなら、われわれはどのような方法で指向し、どのような運動を展開すべきであろうか。

自衛隊員とは、軍服を着た人民である。しかももっとも抑圧され搾取された……。彼らとわれわれの間を隔てているのは、銃剣でもなければ鉄条網でもない。思想性、ただ思想性だけが壁をつくっている。この壁を突破するものは何か？　人間性、階級性、個人意識、こういったものを彼らに与えることが、このことのみが、この壁を突破できるのである。

こういった例がある。

彼らの考え方を知るために、私はある日、『マルクス主義哲学』を携行して、彼らの目につくように読んでいた。どういう反応があったか。「むずかしい本を読んでいるね。きみは」「マルクス主義哲学ってなんだ？」。彼らは、ここにどのような問題が存在するのか、理解できないでいるのである。彼らの精神教育、思想教育があまりにも観念的であるために。もちろん、これは一般隊員、曹士の意識である。

四四年二月三日の新潟を皮切りに、私は全国を巡って叛軍闘争のアピールを行ってきた。叛軍闘争が大衆を反自衛隊闘争へ結集させる必要がある以上、自衛隊員の人材の宝庫である九州での活動は非常に重要であった。

四月三日の鹿児島・国分駐とん地で隊内に向けての反戦アピールは、非常に大きな効果を与えたのである。

われわれは、鹿児島べ平連を中心とした人びとと ともに、市内をデモ行進したのち、駐とん地へ向けて直接に反戦放送を行ったのであるが、われわれが小さなハンドマイクで放送を開始すると同時に、なんと、基地のなかからGMCトラックに装置した直径五〇センチもある大型スピーカー二個が出現し、あたかも何かを恐れるように軍艦マーチ、歌謡曲などを流しだしてきた。それればかりではない。ちょうど日曜日であったにもかかわらず、一般隊員はすべて外出禁止の命令がくだされ、隊舎のなかから一歩も出ることを許されない状態であった。また、われわれと対峙してきた隊員は、すべてがある程度思想堅固な下士官以上の隊員たちばかりであった。

このことは何を示しているのか？

まさしく、彼らが、行っている行為が、存在が、いかに弱々しいものであるかを彼らが承知しているからにほかならない。また、彼らは、彼らの部下の思想的脆弱性を承知しているがゆえに、あのようなわれわれの小さな反戦アピールに対しても破廉恥な行為までして妨害しようとするのであろう。しかし、非常に重要なことは、彼らのそのような行為が、一般市民に、そして隊舎のなかに隔離されている下級隊員にどのようにとらえられるかであろう。

おそらく、隊員のほとんどが市民と同様にその光景に滑稽ささえ感じ、なぜあのような妨害をしなければいけないかということに、素朴な疑問を感じたことであろう。

われわれは都城駐とん地においても、あるいは芦屋の航空自衛隊基地においても同様なことを繰り返したのであるが、いっぽうでは、われわれと、基地経済で生活している市民との対立があったことを見逃せない。

だが、われわれがデモ行進し、市民との討論を基地ゲートの前で行うことによって、市民との間隔は縮められていったことは有意義なことであったろう。

現在において、自衛隊がこのような妨害スピーカーを全国に配置したり、函館、新発田のように、集会やデモに警務官が入りこんでいることは、何を示しているのか？

七〇年代闘争、それはまさしく、ブルジョア権力とわれわれとの熾烈な軍隊争奪戦となるであろう。

☆自衛官組合を結成せよ！

政治活動、表現の自由の問題に関しては前述したので述べる必要はないが、注目しなければならないのは、隊員の労働基本権の問題である。もちろん、われわれは、このような権利獲得要求を、たんに、プチ・ブル的な要求からでなく、明確に、反帝国主義、プロレタリア権力樹立という、思想性に貫徹された過度的段階としてのものであることを確認しておかねばならないだろう。

彼らが奉仕の精神に、国家主義に燃えていることは、彼らの生存基盤であった、農民層、労働者層まで完全に敵にまわすことになるだろう。このことは、支配者の思想教育が貫かれていれば、なおいっそうである。しかし、彼らが組合を結成することによって、また、それを意識的に主張することによって、彼らは入隊以前の存在としての意識を取り戻し、また、みずからの立場がプロレタリアであることを確認するであろう。

一九六八年八月二三日、米国、テキサス州フード基地の黒人兵、四三人は、シカゴの民主党大会をめぐって生じた、デモ鎮圧出動命令を拒否した。兵士の多くはベトナム帰りで模範的な兵士であったが、彼らは命令を拒否し基地内でデモを行った。彼らは「シカゴであれ、どこであれ、アメリカ国内でおきた黒人による蜂起、騒擾の弾圧には参加しない」と宣言した。

また、三月中旬の新聞は、ラテン・アメリカのトリニダード・トバゴで、黒人の人種問題から発した暴動に、二〇〇人の黒人兵士が連帯し、基地を占拠し、銃撃戦が行われていることを報じた。ロシア革命における戦艦ポチョムキン叛乱の〝兄弟よ、誰を撃とうとしているのか〟は、あまりにも有名である。

これらの一連の事件は、何を意味するであろうか。まさに彼らが、兵士自身が、闘う労働者・農民こそ彼らの仲間であり、友であり、同志であることに気づいたからにほかならないのである。兵士大衆が、みずからを問いつめ、「われわれの敵は誰であるのか、われわれの友は誰であるのか」を認識することこそ、いまもっとも重要であり、われわれに課された任務である。かかる意味において、われわれは、あらゆる手段をもって、自衛隊員に組合の結成を呼びかけていくであろう。現在、アメリカの兵士組合のような非合法組合の結成をもすすめていくであろう。

☆不当・違法な命令を拒否せよ!

1981年3月27日、差し戻し審の2度目の無罪判決後の記者会見（左から河合弘之弁護士、佐々木哲三弁護団長、筆者、松本健男主任弁護人）

陸上幕僚監部第一部監修の『陸上自衛隊服務関係法令解説』は次のように解説している。

「違法のかし（欠陥）が重大かつ明白な場合は、命令を受けた隊員はみずから職務上の命令の無効の判断をすることができ、これに服する必要はなく、また服してはならず、もしこれに服した時はその結果について、みずからも責を負わなければならない」

だが、実際にはこのことはほとんど認められず、命令には「絶対服従」が当然のようになっている。

たとえば毎年一度、幹部研究論文が全国の幹部隊員の手によって発表されるが、その優秀論文として「服従とその限界」の問題を扱った第四術科学校の矢津日三好三等空尉の論文は次のようにいう。

「私の考えは結論的には命令に対する服従を絶対的なものであると信じている。重要な問題点は、不適法命令不服従の問題が自衛隊内部において純軍事行動、すなわち、作戦行動の場において起きた場合である。かかる場合は、軍隊は半身不随になり到底、軍事機能は果たし得ない。かかるが故に、私は本項の冒頭で結論づけたように命令の服従は絶対的なものであると考えている」

そして、このような模範解釈を実行している限りにおいて、「違法命令の殺人」が後をたたない。

四四年三月一五日、佐渡レーダー基地において起こった事故もその一例である。

佐渡基地は、毎年一一月から五月まで越冬の時期に入る。そして除雪のため、中部航空施設隊入間基地から毎年数十人の隊員が派遣されてくる。施設隊は、毎朝ブルドーザーで除雪作業を行うのであるが、危険防止のため、通常二名で勤務するよう規則は定まっている。しかし、この日、白石三曹（一七日付で二曹に特別昇任）はどういうわけか、一名で勤務するよう命ぜられ、忠実な彼はその命令にしたがった。だが、事故はこのとき起きた。

中腹の基地と山頂のレーダー基地との、ちょうど中間にあたる、もっとも雪崩の多い場所で、あっというまにブルドーザーもろとも彼は谷へ流されていったのである。

彼の死は防ぐことができなかったのであろうか。規則に定まっているように、もう一人の勤務者がいたならば、彼は早急に救出されたであろう。

われわれが考えてみなければいけないことは、彼は勤務につく義務があったかということである。上官が彼に命じた命令は、明らかに危険であり不当であったのである。

また、一昨年、陸上自衛隊少年工科学校（横須賀）で、一三人の少年たちが訓練中に水死した事件が発生したが、この場合はどうであろうか。

その日はちょうど朝からのどしゃぶりで、渡河訓練の場所となる「安らぎの池」はかなり増水していたのであった。しかし、田村勇一尉は重装備した一七歳の少年たちに「渡れ」と命令したのである。事前の調査もなしに――。その結果、一三名が水死し、また、ほとんど全員が溺れてしまったのである。

まだまだたくさんある。同じく一昨年支笏湖で、三人のレインジャー隊員が重装備のまま湖に飛びこんで浮きあがってこなかった。

彼らは、上官の不当な命令に従うべきであったろうか。否、断じて否である。少年自衛官たちは命令に従うべきではなかった。

白石三曹も、レインジャー隊員も、ソンミ事件のアメリカ兵も、命令を拒否すべきであったのだ、法令どおりに。

だが、第一補給処の絹笠泰男一等空尉はいう（幹部研究論文）。

「しかし命令の内容の些細な点の違法をうんぬんし、また、その適法性について、部下がいちいちだりにうんぬんすることは、軍秩序の破壊であり、軍隊内機能を麻痺させる危険の方が大であるので、この様な場合は服従義務が存し、その違法性、不当性についてはその指揮官の責任として論ぜらるべきものと解する」（傍点筆者）

われわれはここで考えねばならない。「部下がみだりにうんぬんすること」「指揮官の責任」として片づけられることが、どんなに重大なことであるのか。

そしてなぜ、下級兵士が上官の命令に対して意見をいうことが、「軍秩序の破壊であり軍隊的機能を麻痺」させるのか、を。

つまり、権力は、われわれ下級隊員に〝ロボット〟としての存在を要求しているのである。

なぜか？

資本主義体制が、その最高段階である帝国主義体制においては、とくにそうであるが、階級支配、差別支配＝民族排外主義をその根底においていることは疑うまでもない。

であるからこそ、その体制を絶対的に擁護する義務をもつ軍隊内においては、とくに階級支配が強化され、上官の「絶対的権威」がのさばり、食事をするところも、入浴するところも、睡眠をとるところも、幹部隊員と一般曹士隊員との差別が強化されてくるのである。その差別支配は当然のことのように、軍隊内での部落出身の隊員にまで強化されるのである。

部落出身隊員の差別事件は後述するが、大正一二年のあの天皇制軍隊の、関東大震災を利用した、数千人にものぼる在日朝鮮人の虐殺事件は、帝国主義軍隊なるものの姿を示してあまりある。

当時、政友会で唯一の陸軍通とされていた陸軍少将津野田代議士は、『読売新聞』のインタビューに答えて、つぎのようにのべている。

「私は思ふ今度の色々な事件に対しては、何う考へても陸軍戒厳部が越権沙汰ではなかったかといふことです。大体戒厳令なるものは二様の立場がある。戦時非常の場合と国内の非常時に備える場合がそれであって、今度の震災はその後者の方にありて施行しなければならなかったはずである。それにも拘はらず、戒厳部当局は当時あたかも敵国が国内にでも乱入した場合のやうなやりかたをしたのではなかったらうか。私の宅の附近でもあまり騒々しいので私は門の外へ出て見たら武装した軍隊がゐた。そして隊長らしいのが『敵は今幡ケ谷方面に現はれた』云々と号令してゐるので、私はその将校を捉えて『敵とは何か』と質問したら『朝鮮人だ』と答へたので私は更に『朝鮮人が何故敵か』と問ふたら『上官の命令だから知らぬ』と答へた。」

私は昨年一〇月一八日、私の属していた佐渡基地で行われた治安訓練命令を拒否した。そしてそのことによって懲戒免職処分をうけたのであった。私がなぜ、治安訓練命令を拒否せねばならなかったか、自衛隊員諸君にもう一度考えてほしいと思うのである。

私は現在、防衛庁長官宛てに行政処分不服申し立ての請求を行っており、公正審査会が開かれているが、その請求に対して、処分者である、中部航空方面隊司令官である高橋正次空将は次のように弁明書を提出した。

「『アンチ安保第三号』の内容には、『極東軍事裁判においては、上官の命令により捕虜を殺した軍人は処刑された』なる脅迫的文言を有し、また、本行為を行った当時、昭和四四年一一月一七日の佐藤首相訪米出発を阻止することを目標とする過激な反対運動が、『赤軍派』の学生によって各地で頻々と行われていた社会情勢下にあって、これに乗じ（中略）極めて刺激的文言を用いて、同僚隊員等に対し、警備訓練拒否を実行する決意を生ぜしめるような勢のある刺激を与え、（中略）本違反行為が、自衛隊の職務上の団結を阻害し、隊務の遂行及び部内外に及ぼす影響が極めて大であるのみならず、同人は、いささかも反省の情をあらわすことなく、かえって自衛隊の組織及び規律を破壊しようとする意思を示してはばからないのであるから、その責任は厳重に追及されるべく、懲戒免職は、やむを得ないものであって、これが軽減について酌量するに足るものではない」（傍点筆者）

天皇制軍隊は、足尾銅山ストライキに、米騒動に、自由民権運動に、そして関東大震災の在日朝鮮人虐殺に、あらゆる労働者農民の正当な闘いまでをも弾圧した。しかし、直接にその行為を行った兵士は、自分らが何をしているのか、なぜ労働者・農民を弾圧するのか自覚することはできなかった。〝命令〟の一言によって。

いま、七〇年代を迎えて、自衛隊のなかでも、着々と労働者・農民弾圧のための治安出動訓練が行われている。「間接侵略者――不法分子、国際共産主義者――の侵略から国を守れ」という名目で。

われわれはいまこそ、上官の命令よりも、〝自分は、どうするのか〟ということが一人一人に、真剣に問われている。

☆農村出身の下級兵士は蜂起する

四五年三月二日、新潟において、全日本農民組合連合会新潟支部主催の、「減反反対五〇〇〇人集会」とデモが行われた。

この農民の闘いの意義は大である。それは、日本の階級闘争が、いまや、農村まで浸透していったことを示すばかりでなく、叛軍闘争が農村問題の矛盾の激化に、大きな影響を与えることが予想されるからである。

今日の自衛隊員の出身を階層別で分類すると、なによりもまして、圧倒的に農村出身者のしめる比重が大きい。地域別にみると、三〇％ちかくが九州、それも九州の農村地帯出身である。また、中国、四国、東北地方の農村出身者のしめる割合も多い。さらに注目しなければならないのは、これら、自衛隊に入隊する農村出身者は大部分が下層農民、貧困農家の出身であることである。

現在の日本帝国主義が、このような下層農民、貧困農民を切り捨て、資本主義的経営による、大規模農民の育成に進んでいき、その労働力を都市労働者として工業、サービス業へ転化せしめていこうとしていることは明らかである。

たとえば、札幌近郊の農村地帯では、ここ数年目まぐるしく農村を捨て、その結果都市へ進出する農民が激増している。あるいは田畑を売り、アパート経営あるいは商店経営といったような方向へ転換しつつあるものもある。また、減反により、耕す土地を失った農民が、肉体労働者として、大都市へ家族ぐるみで出稼ぎに来ているということが、ここ近年、非常に増加しているということは事実である。

五月二三日の『朝日新聞』は、出稼ぎ農民が、建設会社の労働者として働いていたが、賃金不払いで帰郷し、以前の未払いの賃金を請求したら、会社側が半分に値切ってきた事実を報道していた。

このような事実は、この会社だけでも数百件存在するというから、まったく、出稼ぎ農民の酷使もはなはだしい。いや、これが、農村を捨てていかざるをえなかった農民の現実の姿かもしれない。

七〇年代における、農村問題の矛盾は激化の一途をたどるであろう。当然、このような農村の帝国主義的破壊は、農民の怒りを激化させ、その怒りはまた、軍隊内にいる農村出身の大部分の下級隊員にまで届くであろう。彼ら、農村出身隊員の意識はまだ、潜在的である。だが、われわれの明確な政治的方針が彼らの共鳴をうることは必然であろう。

三里塚の農民の闘いは、日本階級闘争のもっとも尖鋭化した部分をしめている。三里塚だけではない。十数年間の地道な闘いを続け、北富士演習場撤去を叫び続けている「忍草母の会」が、長沼の農民たちが、そして、日本原演習場撤去に立ちあがった津山の農民たちが、激しい闘いを繰り広げている。

これらの農民たちの闘いは、減反でなおいっそう苦しみを味わわされている新潟の農民たちに、いや、全国の、歴史が始まって以来、搾取と圧制を強いられてきた農民を喚起し、その叫びはあの権力の暴力装置である軍隊内の兵士たちまでこだましていくであろう。

☆部落出身の兵士は蜂起する

昭和三九年、陸上自衛隊信太山駐とん地で部落出身隊員の差別事件が起こり、重大な問題となった。同じころ、姫路駐とん地においても、そしてまた四〇年には富士学校においても差別事件が起こり、富士学校の場合は自殺事件までにいたった。このことは自衛隊にとって特殊なことであろうか。資本主義体制が階級支配として存在する以上、また帝国主義段階においては、ますます、この階級支配、差別構造は露骨に表れてくる。

戦前における部落解放運動――水平社運動――は壮烈をきわめた。天皇の赤子として表面的に融和策がとられはしたが、それは、天皇制が差別支配と排外主義の基盤に成立している以上、当然のことであった。兵営内において部落出身者は、「特殊部落民」として差別され、数かぎりない残虐な行為を受けたのである。

大正八年、三重県第五一連隊の差別事件、一二年の伏見工兵隊の差別事件など。そして侵略戦争の開始とともに差別事件も頻発し、昭和一〇年、久留米工兵隊などで、大きくひろがっていった。軍隊が社会の縮図であることは、またそれがもっとも階級支配、差別構造の強化を必要としているうえにおいて、このような事実が多く存在していくことは必然である。しかし、このような、もっともしいたげられた部落出身の隊員こそ、帝国主義者に対して痛烈な攻撃を加えるであろう。

☆米軍兵士との連帯行動を

ベトナム戦争の長期化と敗北は、アメリカ国内はもとより、世界の世論の攻撃をまっこうからうける状況になってきた。世論だけでなく、その当事者、米軍兵士のあらゆる形の叛乱が、それに輪をかけ、米軍解体の兆候さえ現れつつある。

当初、徴兵拒否の消極的抵抗から、軍隊脱走へ、そしてさらに軍隊内叛乱、反戦組織の建設へと進むのは、あまりにも当然の結果であろう。

一九六五年ころから、徴兵カードを焼き捨てる事件があいつぎ、ある者は良心的兵役拒否へ、またそれが不可能な者は、カナダへ逃れていった。一昨年までのカナダ流出者の数は約六万人といわれ、国内のあらゆる団体、個人が、その支援を行っているのである。

だが、このように最初から徴兵を逃れる人びとは、それなりの戦争に対する考え方をもっていたのであろう。が、ニクソンの「自由を守れ」の甘言につられた多くの兵士大衆は、現実にベトナムで、戦友が倒れ、みずからが傷つくまで、そして、罪のない多くのベトナム人民が虐殺される光景を目撃するまで、気づかなかったのであった。

国防総省の発表によるだけでも、一九六七会計年度に、脱走兵は四万二二七名、六八年度には五万三三五二名に達したという。

「イントレピッド四人の会」発行の『脱走兵通信』が、今週の脱走兵として日本国内においての脱走兵の数を記録しているが、週を追うごとにその人数が増大していくことは驚くべきことである。

ベトナム戦争に対する抵抗が徴兵拒否や、脱走だけにとどまっているなら、軍当局にも、それほど〝脅威〟とはならなかったであろう。だが、いま事態は進行しつつある。軍隊内部で反戦新聞が配られ、兵士組合が結成されているのである。

全世界の基地で反戦新聞の数は、四〇種とも七〇種ともいわれる。全国紙としては『ボンド』『ベトナムGI』『アライ』が、ヨーロッパでは『ウィ・ゴット・ザ・ブラス（上官の正体見たり）』『アクト』があり、在日米軍基地においても、『ヘアー』『キル・フォー・ピース（平和のために殺せ）』が発行されていることが確認されている。もちろん、この種の反戦新聞が、反戦運動の発展に重要な役目を果たしていることはいうまでもない。

さらに彼らの運動が、運動たりうるのは、その持っている「質」にある。

ニューヨークに本部を有するアメリカ兵士組合は、次の八項目の要求を掲げている。①上官への敬礼・敬称（サー）の廃止、②将校の選挙制、③人種差別の撤廃、④一般兵士による軍法会議の管理、⑤連邦最低賃金制の確立、⑥政治結社の自由、⑦団体交渉権の確立、⑧不法な命令――たとえばベトナム派兵命令――への不服従の権利。

これらの諸要求は、何を意味するのか。まさしく、彼らの闘いが革命の軍隊建設までを展望していることを示すであろう。

在日米軍基地においてもっとも組織化が進んでいるのは三沢基地、岩国基地である。岩国基地では三月の下旬、基地内の兵士が基地司令官に対し、人種問題を中心に大衆団交するなど、その動きは非常に顕著である。

われわれにとって重要なのは、三沢、岩国が自衛隊との共同基地である以上、また、日米安保体制のもと、日本国内の治安にも、在日米軍が出動してくる以上、当然に米軍兵士との連帯を考えていかねばならないだろう。いや、その連帯の行動は開始されている。

われわれは、さらに現在、三人の逮捕者を出しながら勇敢にも闘いを開始しているフランスの兵士とも、そして南朝鮮の兵士とも連帯して闘っていくであろう。

☆自衛隊解体――人民総武装

われわれは、自衛隊解体を主張する。だが、それはたんに、物理的力のみによって解体しようとするものでないことは明白である。

レーニンは、ロシア革命において、〝平和と土地とパン〟という政治的スローガンをもって、多くの兵士大衆を革命軍へ結集していったのであるが、われわれにとって重要であるのは、いかにわれわれが政治的に、自衛隊員を獲得していくかであろう。

かかる意味において、われわれの自衛官組合結成、そしてそれを兵士委員会へ、という方向性は重要である。

革命の軍事的問題として「人民総武装」という基本的命題が最近、非常に多くの人びとのなかで語られている。だが、武器を生産するのは人民であるし、武器を運搬するのも人民であり、また、武器を管理し使用しているのも「軍服を着た人民」であることを考えるならば、具体的な人民の総武装とは、まさしく、社会総体の階級闘争の発展段階が決することであるといえるだろう。そしてそれは、とりもなおさず、兵士委員会の役割である。日本国内において、武器を保有し、習熟しているのは彼らのみであるという現実が——。

ロシア革命において、もっとも優秀な革命軍の指揮官はツアーの軍隊の将校たちであったといわれるが、日本革命における優秀な指揮官も、自衛隊の将兵のなかから誕生してくるであろう。

われわれはまたここで、人民の総武装という革命の課題を、「暴力は絶対悪だ、行使してはいけないのだ」という、擬装した平和と民主主義者に、痛烈な攻撃を加えておく必要があるであろう、暴力革命へ真の賛辞を送るために。

ブルジョアジーがブルジョア支配体制において、みずからを武装解除するであろうか。

われわれは、次のように彼らにいうべきであろう。

「われわれがブルジョアジーに打ち勝ち、ブルジョアジーを収奪し、ブルジョアジーを武装解除するために人民を武装せよ!」と。そしてわれわれは、「ブルジョアジーを武装解除した後、はじめてわれわれの銃をくず鉄にしてしまうことができるのである」と。

国家は階級対立の非和解性の産物であり、その表れである。それゆえに国家は、被支配者階級を抑圧するための手段である公的暴力――警察、軍隊――を承認させる。ブルジョア国家の廃絶は、ブルジョア軍隊の廃絶を意味し、プロレタリア国家の建設は、軍隊そのものの死滅への一段階である。

ブルジョアジーによる武器の独占は、それが彼らの生産手段体系の一部であり階級支配を目的とする、その特殊な一転化形態であることを示す。すなわち、ブルジョア国家において、プロレタリアートが「武装解除」されているという事実は、彼らがブルジョアジーによっていっさいの生産手段、さらに、自然までを奪われているという、この固有の生産関係の一表現にほかならないのである。

わが国において、具体的な人民の武装解除は、豊臣秀吉の〝刀狩り〟以来であるといわれる。

秀吉はみずからの支配体制において人民が武器を保有することが、いかに、その支配体系に脅威を与えているかを、十分に承知していたらしい。すなわち、階級社会における体制存続の原則は、圧政に対しての人民の叛乱、武装蜂起をどのようにして、食い止めていくかにおかれているからである。

この刀狩り以来、わが国の人民は武装の権利――真の民主主義における基本的人権――を奪われ、以後、人民の武装は悪であるとされてきたのであった。

現行合衆国憲法修正第二条には「規律ある民兵は、自由な国家の安全にとって必要であるから、人民が武器を保有し、武装する権利は、これを侵してはならない」と規定されている。また、スイスにおいても、人民が武器を保有する権利が認められている。

この事実は、一面において、民主主義の本質、主権在民を人民が武器を保有し武装することに――人民の武装による武力機構、権力機構のコントロールに――おこうとする考え方を内在しているのである。

したがってそれは、現行のシビリアン・コントロール（文官優位）への批判としてでてくるし、また、「戦争は政治の延長である」というクラウゼヴィッツの定義を引用すれば、一握りの支配者による武力装置の独占の危険性を指摘するものである。

われわれは、このような人民武装の正しい指摘をくりかえしながら、アメリカ、スイスなどの国々における武装形態――民兵論――を階級的視点から批判しなければならない。なぜなら、それはブルジョア議会と同じように、彼らの支配を維持し強化するための〝見せかけの道具〟にしかすぎないからである。支配者から与えられた〝国民の武装〟であり、人民みずからが勝ちとった武装ではないからだ。

レーニンはいう。

「今日、帝国主義的ブルジョアジーとその他のブルジョアジーは、全人民ばかりか青年にも軍事教育をほどこしている。明日には、彼らは多分、婦人にも軍事教育をほどこすであろう」

一九六九年一二月、自民党の船田安保調査会長は「船田私案」として郷土防衛隊建設を七〇年代の防衛構想として唱えた。そして一〇月、一一月闘争の中で、権力者は「自警団」を組織し、〝国民の武装〟の初期的形態を形作ろうとしていたのである。

われわれにとって重要なのは、被支配階級の暴力を、支配階級の暴力と対置して考えるということである。支配者が、巨大な暴力装置——軍隊・警察——をもって被支配階級を抑圧しようとすることに目を向けるべきであろう。

明治維新において、徳川幕府が反体制者に対して「社会の秩序を乱す、不逞の若造」として暴力キャンペーンをはり、民衆にまで次のように浸透させていったことは興味深い。

「上下の区別を忘れ、尊敬と服従を忘れ、身のほどしらずの政治談義を行い、秘密の会合をし、徒党を組み、主を棄て、親にそむいて騒ぎまわる許しがたい若者ども」

人民の武装とは、暴力の最高形態である。支配者は、常にみずからの支配を維持していくために、

新潟日報発行『20世紀の新潟』の企画取材で十数年ぶりに佐渡分とん基地を訪れた筆者（1995年）

「暴力キャンペーン」をはり、また、人民の武装を解除しておくようつとめる。

それゆえ、抑圧された被支配階級は、最終的に、必然的に、みずから支配階級の暴力に立ちむかっていくのである。

平時における常備軍の危険性は、いうまでもないが、近代兵学に照らしていえば、結局、民兵を基礎にした常備軍の設置が、人民の武力機構のコントロールにとって認識される必要があろう。

われわれは赤軍建設を将来的に指向しているのであるが、この赤軍こそ、真に人民の軍隊であることはいうまでもない。

ベトナム人民軍の最高司令官、ヴォー・グェン・ザップ将軍は人民の軍隊について、つぎのような定式を示している。

第一に、人民の軍隊は民族的でなければならない。何よりも、それは帝国主義およびその手先と戦わなければならないからである。

第二に、それは民主的軍隊である。それは人民の民主的利益のために戦い、人民の民主的利益を守って戦う軍隊だからである。もちろん、民主の原理は、軍隊内部および軍隊と人民の間にも生かされる。

第三に、それは人民の軍隊として、何よりも勤労人民、労働者と農民の基本的利益を守らねばならない。

さらに彼は、人民の軍隊と人民の基本的原則を、①人民を大事にし、②人民を助け、③人民を守る、ことにおく。

われわれが赤軍建設を指向していく場合、常に認識すべきことは、赤軍とは、人民武装の発展段階における、最高形態であるということである。

それは、階級闘争が明らかに防御戦から攻撃戦に移行したことを示す。戦術的には常に攻撃の連続であるが、戦略的にいえば、それは敵と味方の軍事的力関係を変える一つの段階である。

したがって、赤軍は、革命の政治的軍事的任務を遂行するために、あらゆる手段を講じて、大衆にむかって宣伝し、大衆を組織し、大衆を武装し、大衆を助けていくことが重要であり、革命政権を樹立し、またそれを防衛していく段階を、決定的に担っていかなければならないのである。

全国のプロレタリア兵士よ、起て！

全国の闘う人民よ、叛軍闘争へ決起せよ！　世界革命　万歳！

解説　二度の無罪判決と小西以後の闘い

ほぼ半世紀前の、稚拙な自分の文章を再読すると恥ずかしい思いがするが、読者にはこれもあの時代の激しい闘いの息吹の中で執筆したものとして了解していただきたい。

本稿は、校閲・校正箇所を除いて初稿の原文をそのまま掲載している。ただし、初稿にはなかったが、本文中に当時の状況が理解しやすいように写真を多く掲載するようにした（このため、原文の最首悟氏との対談は、原稿文量を超えるので割愛した）。

第一回裁判以後

さて、本書は、一九七〇年七月の第一回裁判開始直前の記述で終えている。第一回裁判は――。

「七〇年七月二三日、新潟の街は小西裁判一色に包まれた。町並みの至るところにビラ、ステッカーがはられている。宣伝カーはボリューム一杯に一日中鳴り響いた。

裁判所周辺の緊迫は一段と激しい。路地の至るところに完全武装した機動隊と私服刑事が潜んでいる。警察はこの裁判のため、新潟の機動隊だけでは足りず、関東管区からも機動隊の応援を求めたという。

権力のこうした態勢と呼応して右翼もまた、大動員し市内を走り廻っている。『売国奴！　小西元三曹の裁判を厳重監視しよう』、こう書かれたステッカーが裁判支援のステッカー以上に街中に氾濫している。

予想される右翼の妨害に対し、小西裁判支援のため全国から集まってきた人々は、現地新潟の人々と共に、すでに第一回公判の五日前から裁判所横の路上にテントを張って座り込んでいる。

機動隊に包囲された裁判所。その構内に入ると「立入禁止」の看板が目につく。裁判所は、小西裁判に備えて、すべての法廷を閉廷した。この厳戒態勢の中を私は、四〇名の弁護団と一緒に法廷に入った。いよいよこれから裁判が始まる」（拙著『小西反軍裁判』三一書房）

新潟地裁を囲む機動隊（1970年7月23日）

さて、足かけ一一年間にわたる刑事裁判は、第一審判決が一九七五年二月「検察側の証明不十分にして被告は無罪」、検察側の控訴による控訴審判決が、一九七七年一月「新潟地裁差し戻し」、そして、差し戻し後の新潟地裁では、一九八一年三月「小西の行為は言論の自由の範囲内」として再び無罪判決が下された。検察側が控訴を諦めたため、この無罪判決は確定した。

自衛官の初めての人権裁判

ところで、七〇年代初頭のこの時代は、長沼自衛隊違憲訴訟、百里自衛隊違憲訴訟が同時に争われており、いわゆる小西裁判も、この自衛隊違憲訴訟の一つとして争われることで注目を集めていた。実際、裁判は「自衛隊法違反適用」事件として、被告・弁護団とも、裁判開始直後から自衛隊・自衛隊法の違憲性を正面から争うものとして展開された。このために、被告・弁護側は、公判当初から自衛隊関係の多数の証人・証拠の提出を求めるとともに、二度にわたる公訴棄却を申し立てた（自衛隊法は、全面的に憲法違反であるから「小西起訴」自体が違憲）。

それにもまして、小西裁判がもう一つの自衛隊違憲訴訟として、正面から争われることになったのは、この時代の政府・自衛隊の政治判断であった。当時、防衛庁長官であった中曽根康弘は、「七五年までに長沼、小西裁判で憲法の再確認（自衛隊合憲）を求める」と発言していたが（七一年五月アジア調査会での講演）、この政治目的は、第四次防衛力整備計画で一挙に軍拡を推し進める自衛隊の、国民的認知を確定することにあった。

しかし、このような自衛隊違憲訴訟とともに、いやそれ以上に重要な小西裁判の争点は、逮捕・起訴理由に挙げられている、自衛官の政治的行為、言論活動の自由——自衛官の人権をめぐる問題であった。

本文の記述のように私は、佐渡基地内で、チラシ、ステッカーを大量に配布し、全隊員の前で「治安訓練拒否」を宣言した。検察側は、最終的にこれらの行為を自衛隊法第六四条違反の「怠業および怠業的行為の煽動罪」として処罰を求めてきたが（逮捕時の第六一条「政治的行為の禁止」は適用せず）、この「煽動罪適用」こそは、憲法第九条下の自衛官を巡る人権状況を見事に表していた。

検察側の判断は、すでに現実的に国家公務員の政治的行為への刑事罰の適用ができなくなりつつある中、憲法下、とりわけ自衛隊の違憲性が問われる九条下では、「政治的行為禁止」条項では自衛官といえども刑事罰を求めることはできないということであった。後述するように、以後の自衛隊内での闘いの中で、自衛隊法の政治的行為の禁止という刑事罰の適用は事実上、無効化された。

そして、小西裁判による二度の裁判所の判決で明らかになったのは、この政治的行為の禁止に代わって言論活動を封殺する煽動罪による刑事罰の適用問題であった。この「煽動罪」は、日本では破防法・爆発物取締法以外に法的規定がないことから、自衛官のみに適用される治安法とも言えよう。つまり、軍法会議がない自衛隊という軍隊における、唯一の「軍法」と言えるかもしれない。

結論すれば、小西裁判で真っ向から問われ、闘われたものは、自衛官（兵士）の人権――言論の自由、政治活動の自由ということであり、憲法第九条下では自衛官（兵士）の言論活動について、一切の刑事罰を下すことはできないということである。

この意味で日本の軍隊史上、初めて勝ちとられ、認められた兵士の人権である（なお、国家公務員の政治的行為の処罰については、猿払事件の最高裁判決を始め、最近の国家公務員の政治的行為を巡る判決においても刑事罰が下され始めている。つまり、憲法九条の改悪下では、このような自衛官の言論活動も再び刑事罰の対象になるということだ）。

自衛官の人権を求める「一〇項目要求」の提出

この小西裁判による、自衛隊法第六一条の無効化を実践的に示したものこそ、一九七二年、反戦六自衛官による防衛庁長官への「一〇項目要求」である。

一九七二年四月二七日、現職の陸上自衛官・与那嶺均一士以下の陸空の自衛官たちは、防衛庁正門前で「自衛隊の沖縄派兵中止、自衛隊員の表現活動の自由」などの、下級兵士たちの一〇項目を防衛庁長官に「請願」した。そして翌日、東京芝公園の「沖縄デー」集会の壇上から制服を着用してその正当性を訴えたのだ（左、表紙カバー写真）。以下がその要求である。

要求項目

一、われわれは、侵略のせん兵とならない。沖縄派兵を即時中止せよ。
二、われわれは、労働者、農民に銃を向けない。立川基地への治安配備を直ちにやめよ。
三、われわれに、生活、訓練、勤務の条件の決定に参加する権利、団結権を認めよ。
四、われわれに、集会、出版の自由など、あらゆる表現の自由を認めよ。

1972 年 4 月 27 日、防衛庁長官に「10 項目要求」を提出（防衛庁前、下は記者会見）

五、われわれは、不当な命令には従わない。命令拒否権を確定せよ。
六、幹部、曹、士の一切の差別をなくせ。
七、勤務時間以外のあらゆる拘束を廃止せよ。
八、私物点検、上官による貯金の管理などの一切の人権侵害をやめよ。
九、小西三曹の懲戒免職を取り消し、直ちに原隊に復帰させよ。
十、われわれは、自衛官であると同時に労働者、市民である。労働者、市民としてのすべての権利を要求する。

一九七二年四月二七日
陸上自衛隊第三二普通科連隊第一中隊（市ヶ谷駐屯地）　一等陸士　与那嶺　均
陸上自衛隊第四五普通科連隊第一中隊（京都大久保駐屯地）　一等陸士　福井　茂之
陸上自衛隊富士学校偵察教導隊（富士駐屯地）　一等陸士　内藤　克久
陸上自衛隊第二特科群第一一〇特科大隊本部中隊（仙台駐屯地）　一等陸士　河鰭　定男
航空自衛隊第二高射群第五高射隊射統小隊（芦屋基地）　一等空士　小多　基実夫
航空自衛隊第四六警戒群通信電子隊（佐渡基地）　三等空曹　小西　誠
（行政不服申し立て係争中）

防衛庁長官　江崎真澄殿

この彼らの行動に対して、自衛隊警務隊は、一応「逮捕態勢」に入ったが、集まった民衆の力でそれは阻止された。しかし、数日後、彼ら全員が「隊員としてふさわしくない行為」(自衛隊法第四六条)として懲戒免職処分に付された。

ここで明らかになったのは、もはや、自衛隊はこのような公然たる制服着用による政治活動に対しても、第六一条違反での刑事罰を下せなくなったということだ。つまり、小西裁判で実証されたことが、この六自衛官の行動で確定したのだ。

これらのことから言えることは、自衛隊創設以来、政府・自衛隊はもちろんのこと、この日本社会が想像もしていなかった自衛官の権利＝軍隊内の兵

参議院予算員会は、制服の自衛官５人が防衛庁長官にあてた「自衛隊の沖縄派遣中止」など10項目の要求書を提出した事件を取り上げ、防衛庁の受け取り方をただした。写真は自衛官の要求書の内容の写しを見る佐藤栄作首相、参議院第一委員会室（72年4月28日、朝日新聞の写真のキャプションから引用）

士の権利が、確実にその兵士たちの手で勝ち取られつつある時代が始まったということである。

卑劣な弾圧手段に乗り出す

さて、自衛隊法による刑事的弾圧手段を裁判闘争や世論の力で封じ込められた自衛隊は、このあと、ますます卑劣な手段を駆使して隊内の「反戦兵士狩り」に乗り出す。

この一つが、一九七五年の戸坂陸士長への集団リンチによる退職強要事件であり（陸自市ヶ谷駐とん地。東京地裁において「退職承認処分」取り消しの判決確定）、七八年の町田陸士長への再任用拒否事件である（同市ヶ谷駐とん地。東京高裁で原告の訴えは却下。八七年には陸自練馬駐とん地においても、宮崎陸士長の再任拒否事件が起こった）。

そして、任期制隊員ではない陸曹らに対しては、「配置転換」という労働争議で見られる手段を行使し始めた。

一九七二年の六人の自衛官らの「一〇項目要求」以後、全国に広がった自衛隊の兵士運動は、特に首都東京のど真ん中、市ヶ谷駐とん地で深く広く浸透していった。七五年には、駐とん地内に「不屈の旗」という自衛官自身による機関紙（写真参照）が発行され、ついに八〇年には、その中に「市ヶ谷兵士委員会」という自衛官たちの非公然の自立組織が誕生したのだ。

すべての隊友は「不屈の旗」のもとへ集まれ!

不屈の旗
創刊号

連絡先
東京都東大和市高木八六八
第四住宅二六九堀口方
小西誠

9.30 天皇訪米実力阻止・羽田へ!

創刊宣言

市ヶ谷の隊内において、ついに革命的兵士による独自の機関紙「不屈の旗」が創刊され、第一号をここに送る。

今まさに、激動する内外情勢の中心をなし、日米帝国主義の生命線である朝鮮半島の危機的情勢は、我々兵士にとって、もっとも重要な二者択一を問う事柄として、ますます浮きぼりにされている。

シュレジンジャー来日、坂田防衛庁長官渡米、天皇訪米。先に三木首相訪米と政治日程を見ただけでも、日米帝国主義は、〝韓国の安全は日本の安全にとって緊要〟とする立場で朝鮮の侵略戦争を唯一の帝国主義体制の延命策として企だてているのは、はっきりと我々の目に映っているのである。

☆　☆　☆

侵略戦争動員は始まった

ところで隊友諸君。自衛隊の訓練内容は、現在ますます朝鮮侵略に照準をあわせたものとなりつつある。

とりわけ近頃の市ヶ谷基地内の訓練内容もまさに実戦を想定したものである。

三二普通を見よ。先の黒潮演習は隊内通信においても暴露された通り、海上・陸上の合同による朝鮮侵略開始のドラの音である。また、各中隊とも一ヶ月間による飛距離二四Km行進の実施、カーゴに土のうを積み、一個班を乗せ、攻撃開始するという、今までにない訓練—実戦に照準をあわせた訓練を行なっている。

精神教育も「反戦自衛官はかならず追いだしてやる」といった露骨に隊内の侵略的統一をはかろうとしたり、何の関係もない隊友にまで五・六人もの調査隊が外出中に尾行してきたり、という現状である。

我々は何をなすべきか?

このようなときにあって、我々は、沈黙は敗北であり、民衆に対しての敵対・裏切りであることをはっきり自覚しなくてはならない。その自覚のもと、我々兵士は何をなすべきか?

先に書いた通り、二者択一が問われる。帝国主義者の尖兵になり、日本人民、アジア人民に銃を向けるのか。また、それに拒否の態度をきっぱりと示し、日本人民、アジア人民と連帯し、銃の先を帝国主義者の胸元につきつけるのか、二者択一である。もちろんすべての兵士諸君は後者をとるであろう。

歴史は我々の手で

市ヶ谷基地のすべての隊友諸君。我々の運動に結集し、組織しよう。だが我々の力はまだまだ不充分である。我々の組織に公然と結集できる道は、まだまだ開けきってはいない。そのために我々はこの機関紙「不屈の旗」をもって隊友諸君に理論武装を訴え、その道が開ききったときこそ強大な力でもって組織し、日本人民、アジア人民と共に連帯し、帝国主義を我々の手で倒そうではないか。

我々の運動は正義であり、いかなる反動があろうとそれをはねかえし、除々に大きく、広くなっていくものである。それを自覚しなければならない。どんなに調査隊、当局の弾圧が激しくなろうと、その激しさ以上に我々の正義の運動は大きくうねりだすのである。当局の弾圧は強まるほど、それは我々の運動に対する恐怖のあらわれなのだ。

小西反軍裁判の勝利にみられるように、我々の運動は帝国主義者たちの法律でさえ罰せないのだ。そのことを隊友諸君は自分のものとし、この「不屈の旗」を道しるべとして理論武装を闘いとり、市ヶ谷台に革命的組織を作りあげよう。「不屈の旗」に結集しよう。

この市ヶ谷兵士委員会は、一九八〇年代半ばに至ると、同駐とん地の第三二普通科連隊第四中隊を中心に、隊内に大きな影響力を持ち始めた。一時期当局は、第四中隊の「解隊」を目論んでいたぐらいである。そして、この当局による最終的弾圧手段が、同中隊の兵士委員会の中心メンバーと見做された、古参の陸曹ら（下士官）の配置転換だった。

一九八九年、同連隊第四中隊の片岡顕二三曹は、突如として北海道へ、また同部隊所属の佐藤備三二曹もまた同様に、習志野部隊への配置転換を命ぜられた。これらの不当弾圧に対し、二人とも配置転換を拒否し「苦情処理申し立て」を始めとする、あらゆる法的手段を行使して闘ったが、当局は直ちに命令違反による懲戒免職処分を下した（原告らの処分取り消し訴訟は、東京高裁、札幌高裁で却下）。

掃海艇派兵の中止要求

一九九〇年代は、戦後自衛隊にとってエポックとなった年だ。戦後初めての海外派兵が、九一年四月に海自掃海艇のペルシャ湾への派兵として、また、九二年九月には陸自がカンボジアへ国連PKOとして派兵された。以後、自衛隊の海外派兵は、常態化していくことになる。

この戦後自衛隊の歴史的大転換に対し、誰よりも先頭で闘ったのが、八九年から再び活性化した陸自・市ヶ谷駐屯地に結集する反戦自衛官たちであった。当時の多くの反戦運動が停滞する中で、彼らはこの困難な自衛隊の海外出動に隊内から対峙した。

一九九一年四月二五日、前夜の掃海艇のペルシャ湾派兵の閣議決定、そして翌日の掃海艇部隊の出動という日を目前にして、陸自・市ヶ谷駐とん地に属する、片岡顕二二曹、吉本守人三曹、藤尾靖之陸士長は、その派兵に抗すべく六本木の防衛庁長官室（当時）の前に到着した。

防衛庁長官に「掃海艇ペルシャ湾派兵の中止」を求めた３自衛官。長官室前でSPに逮捕される

彼らは「掃海艇派兵の中止」を求める『意見具申書および請願書』を取り出し、長官室のドアをノックした。

そのノックを終える間もなく、彼らは、長官のSP三人に取り押さえられ、その後逮捕された（以後、藤尾士長は再任拒否、吉本三曹は懲戒免職）。以下が彼らの意見具申書などである。

意見具申書および請願書

私たちは、憲法および自衛隊法を公然とふみにじる海上自衛隊・掃海艇部隊の中東派兵を即時中止するよう陸上自衛隊服務規則第二〇条に基づき意見具申するとともに、請願法第五条の定めにより一市民として請願する。

自衛隊の任務および行動は、自衛隊法第三条が定めたように、日本の領海に限定したものである。しかるに、今回の「機雷除去」を口実にした自衛隊の海外出動は、この任務を大きく逸脱した違憲・違法の出動であり、私たちは断じてこれを黙認できない。

今回の「日の丸」をつけ、武装した艦隊の海外出動は、アジア・中東諸国への軍事的威嚇であり、戦闘行動——武力行使以外のなにものでもない。

もしも、このような自衛隊海外派兵の第一歩を許したとすれば、もはや戦後憲法は破壊され、日本が再び戦争への道へいきつくことは明らかである。

今や、中東・アジア諸国の人々はこうした自衛隊海外派兵に強い危惧を抱いており、国内でも多くの民衆が懸念を表明している。

以上の立場に立ち私たちは、一自衛官として、あるいは一市民として次の点を意見具申し、請願する。

一、違憲・違法の海上自衛隊掃海艇部隊の海外出動を即時中止すること。

二、自衛官に思想および言論の自由などの民主的権利、命令拒否権を与えること。

三、藤尾靖之陸士長への思想弾圧に基づく、再任用拒否の通告をただちにとりやめること。
四、吉本守人三曹への思想弾圧に基づく、人権侵害を深く反省し、是正すること。
五、片岡顕二・佐藤備三二曹の思想弾圧による転任および懲戒免職処分を公正審査会はただちに取り消すこと。

一九九一年四月二五日

陸上自衛隊第三二普通科連隊第二中隊　陸士長　藤尾靖之　拇印
陸上自衛隊第三二普通科連隊重迫中隊　三等陸曹　吉本守人　拇印
陸上自衛隊第三二普通科連隊第四中隊　二等陸曹　片岡顕二　拇印

防衛庁長官　池田行彦殿

九〇年代から現在へ

この勇気ある三自衛官の闘い以後、市ヶ谷駐とん地内では、反戦自衛官らへの凄まじい弾圧が吹き荒れ始めた。当局は自ら手を下すのでなく、右翼・当局派の下士官らを使嗾して、「反戦派狩り」を推し進め始めたのだ。隊内では、彼らへの暴力事件、リンチ事件が頻発・横行する。もちろん、これらの暴力事件に対して、当局は形式上の処分はするのだが、実際は奨励していたのだ。

こういう厳しい弾圧を経過して、二〇〇四年の自衛隊のイラク派兵という本格的海外派兵の始まりの中で、「自衛官人権ホットライン」運動が始まった。この自衛隊内の、初めての隊員たちの相談機関であるホットラインには、発足以来すでに一五〇〇件を優に超える自衛官とその家族からの相談が寄せられている。隊内で孤立し、苦悩する隊員たちとその家族らには、この救済組織が事実上、唯一つの「駆け込み寺」となっているのだ。

そしてまた、このような歴史的闘いの経験と継承が、現在始まっている現職自衛官らの国・自衛隊を相手にした裁判である。只今現在、「安保法＝戦争法」の違憲裁判を含め三人の現職自衛官たちが、自衛隊当局を相手に行政裁判を行っている。この現職自衛官らが「現職」のままで、当局の不当な取り扱いに抗議の声を挙げ始めたということは重大だ。しかも彼らは、幹部や上級の曹である。ここには、自衛隊がもはや旧日本軍の伝統を継承した軍隊（「命令への絶対服従」などの軍紀）としては存立し得ない、社会的・政治的根源が生じていると言えよう。

同様に、自衛隊内のいじめ・パワハラ・自殺事件などをめぐって、この一〇数年来、自衛官およびその家族からの訴えによる二〇数件にものぼる裁判が行われていることも重大だ（裁判終了を含む）。しかも、これらの自衛隊を相手にした裁判は、ほとんどが国・自衛隊の敗訴として終わっているのだ。

このような状況を見ると、もはや自衛隊は、自衛官らに「絶対服従」を強いて忠実さだけを求める「軍隊」として存立することはできないということである。つまり、日本の軍隊＝自衛隊もまた、北欧諸国の軍隊と同様、民主主義・人権を尊重した組織として「脱皮」（変革）するほかはないし、そうしない限り組織としては生き残れないのだ。

言い換えれば、先進国の軍隊は、この人権・民主主義・生命の尊重（そして少子化）という重大なテーマを克服しない限り、その存立の危機に立たされる時代に入っているのだ。

反戦自衛官らの、およそ半世紀にわたる闘いが提示したのは、まさしく、この戦争と軍隊の問題、根源的な平和社会を、この世界にどのように実現するかをめぐる運動であったとも言えよう。


（二〇一八年二月一〇日）

●小西裁判・自衛官の人権関連資料

＊『**自衛隊その銃口は誰に**』（小西反軍裁判支援委員会編、現代評論社）
・小田実・小田切秀雄・山辺健太郎・藤井治夫・江橋崇・竹内芳郎、そして小西誠ら、各界の論客が語る叛軍の論理

＊『**裁く——民衆が日本の軍国主義を**』（小田実編、合同出版）
・小田実・山辺健太郎・星野安三郎らが、今法廷で裁かれようとしている小西の立場から権力を裁く「民衆法廷」を開催。その全記録

＊『**小西反軍裁判**』（小西誠編著・三一書房）
・小西刑事裁判の記録とドキュメント、第一審・控訴審・差し戻し審の判決全文収録

＊『**自衛隊の兵士運動**』（小西誠著・三一新書）

・七〇年代前半の自衛隊内の反戦運動の詳細を記録
＊『**自衛隊の海外派兵**』（小西誠・星野安三郎共著・社会批評社）
・九〇年代の海外派兵に向かう自衛隊内部の諸問題を記述
＊『**隊友《とも》よ、侵略の銃はとるな**』（小西誠著・社会批評社）
・七〇年代から八〇年代の自衛隊内の緊迫する闘いを描く
＊『**海外派兵**』（片岡顕二著・社会批評社）
・掃海艇のペルシャ湾派兵に反対した市ヶ谷自衛官たちのドキュメント
＊『**自衛隊　そのトランスフォーメーション**』（小西誠著・社会批評社）
・二〇〇〇年代に歴史的再編に向かう自衛隊とその内部の問題を喝破

＊『**自衛隊　この国営ブラック企業**』（小西誠著・社会批評社）
・現在の大再編される自衛隊内の隊員らの意識・苦闘を描く

＊『**マルクス主義軍事論入門――マルクス主義軍事論第一巻**』（小西誠著・社会批評社）
・クラウゼヴィッツ、マルクス、エンゲルス、レーニン、トロツキーなどの軍事理論を体系的に分析した革命の軍事理論

＊『**現代革命と軍隊――マルクス主義軍事論第二巻**』（小西誠著・社会批評社）
・パリ・コンミューン、ドイツ・ロシア革命、チリ・クーデタ、日本の戦前の兵士運動など、世界革命史の中の軍隊と革命をめぐる歴史と理論、兵士運動を分析

●小西裁判記録集の限定発売

『小西事件裁判記録集（上・下）、控訴審および差戻審』（写真下）

——自衛官の表現の自由などの人権を争った裁判の記録が収録（残部僅少につき限定版）、B５判・全一三七四頁、定価五〇〇〇円

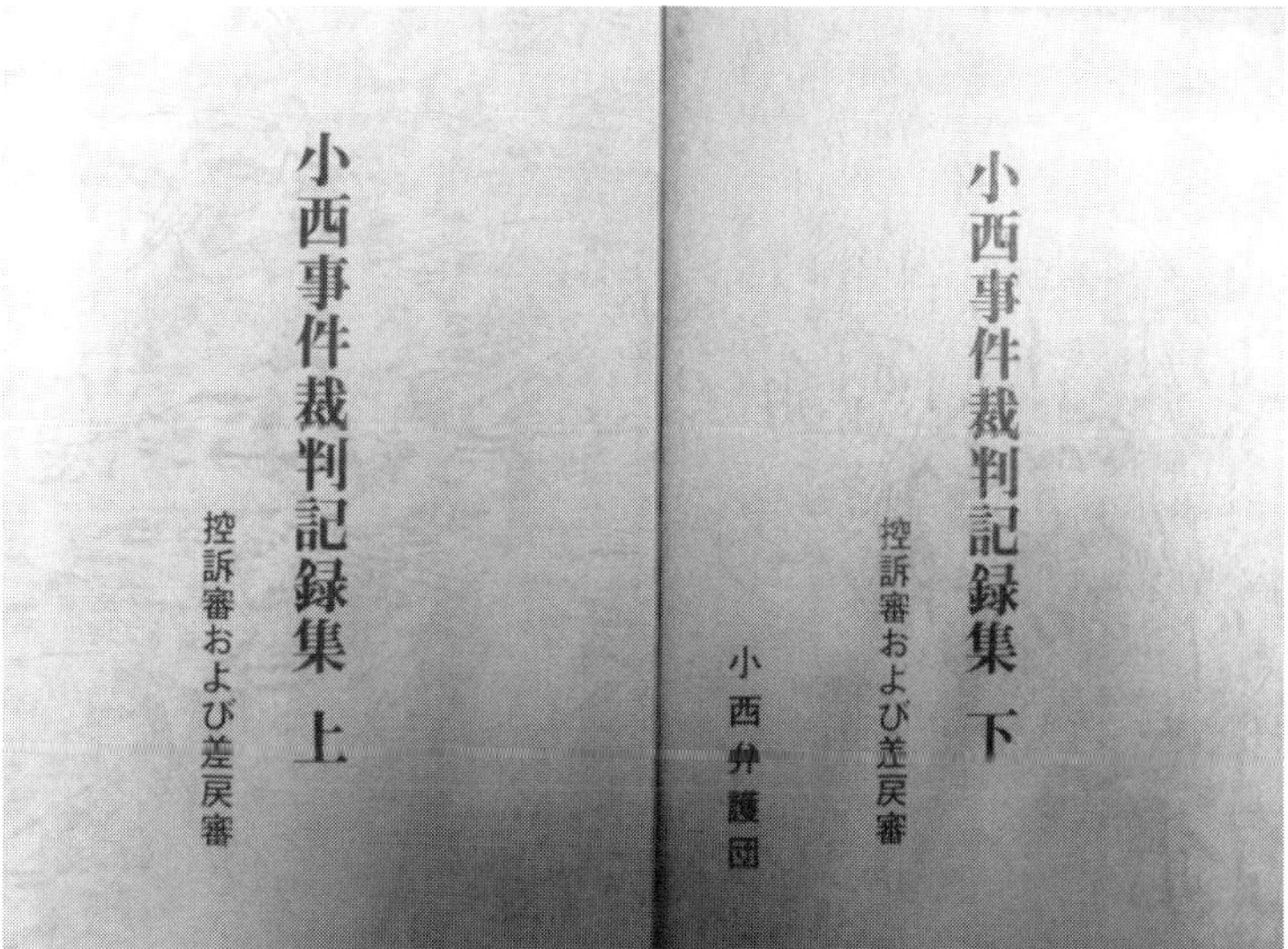

著者略歴

小西 誠（こにし まこと）

1949年、宮崎県生まれ。航空自衛隊生徒隊第10期生。1968年三等空曹に任官し佐渡レーダーサイトに配属。1969年「命令違反」等で懲戒免職にされるが取消しを求めて提訴、1997年東京地裁で敗訴。

軍事ジャーナリト、社会批評社代表。2004年から「自衛官人権ホットライン」事務局長。

著書に『反戦自衛官』（1970年合同出版）、『自衛隊の対テロ作戦』『ネコでもわかる？ 有事法制』『現代革命と軍隊』『自衛隊 そのトランスフォーメーション』『日米安保再編と沖縄』『自衛隊 この国営ブラック企業』『オキナワ島嶼戦争』『標的の島』『自衛隊の島嶼戦争』（以上、社会批評社）などの軍事関係書多数。

また、『サイパン＆テニアン戦跡完全ガイド』『グアム戦跡完全ガイド』『本土決戦 戦跡ガイド（part1）』『シンガポール戦跡ガイド』『フィリピン戦跡ガイド』（以上、社会批評社）の戦跡シリーズ他。

＊本文中の写真は朝日新聞ほか提供

●反戦自衛官
—権力をゆるがす青年空曹の造反

2018年3月10日　増補版第1刷発行

定　価　（本体1800円＋税）
著　者　小西　誠
装　幀　根津進司
発行人　小西　誠
発　行　株式会社　社会批評社
　東京都中野区大和町1-12-10 小西ビル
　電話／03-3310-0681　FAX／03-3310-6561
　郵便振替／00160-0-161276
URL　http://www.maroon.dti.ne.jp/shakai/
Facebook　https://www.facebook.com/shakaihihyo
E-mail　shakai@mail3.alpha-net.ne.jp
印　刷　シナノ書籍印刷株式会社